AF390847

9 782568 821082

فيض العَلي
في الفقه الشافعي
(المستوى الأول)

بطاقة الكتاب

اسم الكتاب: فيض العَلي في الفقه الشـافعي المسـتوى الأول

المؤلف: بهجت بن أحمد بن علي

التنسيق والإخراج الفني: سليل الفراعنة

تصميم الغلاف: هبة إبراهيم

المقاس: 21×14.8

الطبعة الأولى: 2024

رقم الإيداع: 2023/3210

الناشر: دار صيد الخاطر للنشر والتوزيع

المدير العام: أحمد فؤاد

للتواصل: 0109 076 7919

العنوان: ميدان الساحة – الدقي – الجيزة

جميع حقوق طبع ونشر هذا الكتاب محفوظة لدى دار صيد الخاطر للنشر والتوزيع والمؤلف، وأي محاولة لطباعة الكتاب بأي شكل من الأشكال دون الرجوع إلى الدار والمؤلف يعرض صاحبه للمساءلة القانونية

فيض العَلي
في الفقه الشافعي
المستوى الأول
سؤال وجواب
للنشء والكبار

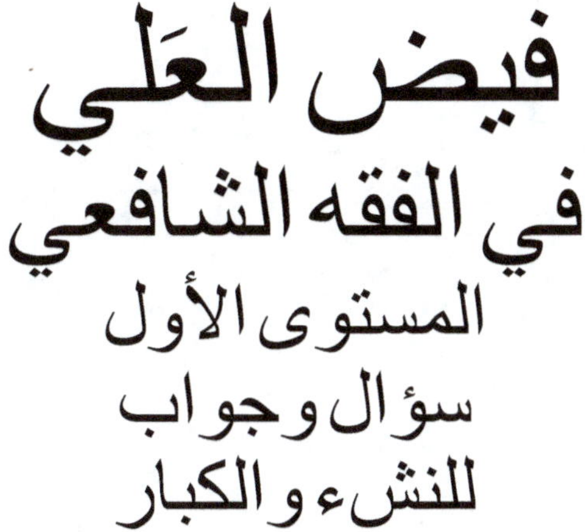

جمعه راجي عفو ربه العلي
بهجت بن أحمد بن علي
عفا الله عنه

صيد الخاطر
للنشر والتوزيع

مقدمة

الحمدُ للَّه وكفى ، وسلامًا على عباده الذين اصطفى، لا سيمَا عبده المُصطفى وآله المُستكملين الشرفَا.

أَمَّا بَعْدُ:

فَإِنَّ طِفْلَكَ هُوَ هِبَةُ اللهِ تَعَالَى لَكَ ، وَهُوَ ثَمَرَةُ فُؤَادِكَ ، وَفِلذَةُ كَبِدِكَ، ومعقد آمَالِكَ وطموحَاتِكَ، وحلمك الذِى لَمْ تُحَققهُ بعدُ، نبتةً صغيرةً تَنمُو، وتترعرعُ، فتصِيرَ شجرةً مثمرة، وَارفة الظِّلال... أو تصِير شجرةً شَائكةً، أو سَامَّةً والعِيَاذُ بِاللهِ.

وحتى نُربي جيلًا من الأشجارِ المثمرةِ ، أو وَارفة الظلال؛ فإنه علينَا أن نعتنى بهِم منذُ البدايةِ ، مع التَّوكل على الله تعَالى والاستعَانة بِهِ فى صلاحِهِمْ.

ومَا أَحْوَجَنَا فى هذا العَصرِ الذِى أَصْبَحَتْ فيهِ الأُمَم تَتَدَاعى على أُمَّة الإِسْلام كما تتدَاعى الأكلة على قصعَتِهَا -كَمَا أَخْبَرَ رَسُولُ الله -صلى الله عليه وسلم- بِأَن نُربي وننشئ جِيلًا قَوى الإِيمَانِ يثبُتُ على الحَقِّ، ويحمِل لوَاء الإِسْلَام، ويُدَافع عنهُ بِكلِّ طَاقَتِهِ.

ففكرتُ أَنْ أَجْمَع الفقه على مَذهَبِ الإِمام الشَّافعى **٧** بصورة ميسرة للطفل المسلم (وقد صغتُهُ على شكل السؤال والجواب لهذا الغرض) لكى

يتعلم كيف يعبد ربَّه منذُ طفُولته؟ ولا يتحقق لهُ ذلكَ إلا إذا تعلم الطهارة والصلاة والصيام والزكاة والحج ليعبد الله تعالى على عِلمٍ.

وقد اسميتُهُ بـ فيض العلي في الفقه الشافعي، وهذا هو الجزء الأول منه وهو الخاص بفقه الطهارة.

أسأل الله D أن ينفع بهذا الكتاب أطفال المسلمين وأن يكون عونًا لهم على التفقه في الدين وأن يجمعنا وإياهم على حوض سيد النبيين وإمام المرسلين.

وصلى الله وسلم وبارك على نبينا محمد وعلى آله وصحبه ومن تبعهم بإحسان إلى يوم الدين.

كتبه راجي رحمة الرب العلي

بهجت بن أحمد بن علي

عفا الله عنه وعن والديه ومشايخه وسائر المسلمين

دار السلام: 25 رجب 1444هـ

15 فبراير 2023 م

❋ ❋ ❋

مبادئ علم الفقه

س/ عرف علم الفقه لغةً واصطلاحًا؟

ج: أولًا لغة: الفقه فى اللغة له معنيان 1- الفهم: ومنه قول الله تعالى: ﴿فَمَالِ هَٰؤُلَآءِ ٱلْقَوْمِ لَا يَكَادُونَ يَفْقَهُونَ حَدِيثًا﴾ "النساء:78" 2- إدراك غرض المتكلِّم من كلامه كما قال الله تعالى: ﴿قَالُواْ يَٰشُعَيْبُ مَا نَفْقَهُ كَثِيرًا مِّمَّا تَقُولُ﴾ أى: ما نُدرك الغرض من كلامك هذا.

ثانيًا اصطلاحًا: معرفة الأحكام الشرعية العملية بأدلتها التفصيلية.

س/ ما موضوعه؟

ج: علم الفقه يتناول أربعة موضوعات رئيسية وهى العبادات والمعاملات وأحكام الأسرة والجنايات.

س/ ما الثمرة والفائدة التى تعود علينا إذا تعلمنا علم الفقه؟

ج: 1- امتثال أوامر الله **E**. 2- عبادة الله **D** على بصيرة. 3- موافقة هدى النبى ﷺ.

س/ ما فضله؟

ج: من أشرف العلوم الشرعية وفيه الدلالة على رضا المولى عن المتعلم له والعامل به لقوله ﷺ مَنْ يُرِدِ اللَّهُ بِهِ خَيْرًا يُفَقِّهُ فِي الدِّينِ..

س/ من وضعه؟

ج: وضعه الأئمة المجتهدون السابقون كالأئمة الأربعة وغيرهم.

س/ ما حكم تعلم، وتعليم علم الفقه ؟

ج: 1- حكم تعلم علم الفقه ينقسم إلى قسمين:

الأول: فرض عين: يجب على جميع المكلفين أن يتعلموه وهو القدر الذى تتوقف عليه صحة العبادة.

ثانيًا: فرض كفاية: أى من الفقه ما كان تعلمه فرض كفاية؛ إذا تعلمه من يكفى سقط عن الباقين، وهو ما زاد على الأمور الماضية إلى مرتبة الفتوى.

2- حكم تعليم علم الفقه: فرض كفاية إذا قام به من يكفى سقط عن الباقين، وإذا لم يقم أحد بتعليمه للناس أثم القادرون على التعليم إذا لم يفعلوا.

س/ من أين يستمد علم الفقه أدلته ؟

ج: يستمد علم الفقه أدلته من القرآن والسنة ، وإجماع سلف الأمة، والقياس.

س/ إلى أيِّ العلوم الشرعية يُنسب علم الفقه؟

ج: يُنسب إلى العلوم الشرعية.

س/ ما هى أسماء علم الفقه؟

ج: علم الفقه له أسماء عديدة ، منها:1- علم الأحكام الشرعية 2- علم الحلال والحرام 3- علم فروع الدين.

س/ ما هى مسائل علم الفقه؟

ج: علم الفقه يبحث فى مسائل فرعية كثيرة، مثل: شروط العبادات، أركان العبادات.

س/ اكتب ما تعرفه عن الإمام الفقيه محمَّد بن إدريس الشَّافعى؟

ج: الاسم والنسب:

هو: محمَّد بن إدريس بن العباس بن عثمان بن شافع بن السائب بن عبيد بن عبد يزيد بن هاشم بن المطلب بن عبد مناف بن قصى بن كلاب بن مرة بن كعب بن لؤى بن غالب بن فهر بن مالك بن النضر بن كنانة، ويجتمع مع النبى H فى عبد مناف بن قصى؛ (الانتقاء في فضائل الثلاثة الأئمة الفقهاء لابن عبد البر ص 66).

كنيته: أبو عبدالله.

ميلاد الإمام الشَّافعى:

وُلد الشَّافعى بغزة بفلسطين، سنة خمسين ومائةٍ من الهجرة، وهو العام الذى توفِّى فيه أبو حنيفة (V)؛ (الانتقاء في فضائل الثلاثة الأئمة الفقهاء لابن عبدالبر ص 67).

نشأة الإمام الشَّافعى:

مات أبوه إدريس شابًّا، فنشأ محمَّدٌ يتيمًا فى حجر أمه، فخافت عليه الضَّيعة، فتحولت به إلى محتِدِه وهو ابن عامين، فنشأ بمكة، وأقبل على الرمى، حتى فاق فيه الأقران، وصار يُصيب من عشَرة أسهمٍ تسعةً، ثم أقبل على العربية والشرع، فبرع فى ذلك، وتقدم، ثم حُبِّب إليه الفقه فساد أهل زمانه؛ (سير أعلام النبلاء للذهبي ج 10 ص 6).

طلب الإمام الشَّافعى للعلم:

قال إسماعيل بن الحبال الحميرى: كان محمَّد بن إدريس الشَّافعى رجلًا شريفًا، وكان يطلب اللغة والعربية والفصاحة والشعر فى صغره، وكان كثيرًا ما يخرج إلى البدو ويحمل ما فيه من الأدب، فبينما هو ذات يومٍ فى حى من أحياء العرب إذ جاء إليه رجلٌ بدوى، فقال له: ما تقول فى امرأةٍ تحيض يومًا، وتطهر يومًا؟ فقال: "لا أدرى"، فقال له: يا بن أخى، الفضيلةُ أولى بك من النافلة، فقال له: "إنما أريد هذا لذاك، وعليه قد عزمت، وبالله التوفيق، وبه أستعين"، ثم خرج إلى مالك بن أنسٍ، وكان مالكٌ صدوقًا فى حديثه، صادقًا فى مجلسه، وحيدًا فى جلوسه، فدخل عليه، وارتفع على أصحابه، فنهره مالكٌ، فوجده موقرًا فى الأدب، فرفعه على أصحابه، وقدمه عليهم، وقرَّبه من نفسه، فلم يزل مع مالكٍ إلى أن توفى مالكٌ ☝، ثم خرج إلى اليمن؛ ليكمل مسيرة طلب العلم؛ (حلية الأولياء لأبي نعيم ج 9 ص 81).

قال الشَّافعى: "كنت يتيمًا فى حجر أمى، ولم يكن معها ما تعطى المعلم، وكان المعلم قد رضى منى أخلفه إذا قام، فلما ختمتُ القرآن دخلت المسجد، فكنت أجالس العلماء، فأحفظ الحديث، أو المسألة، وكان منزلنا بمكة فى شعب الخيف، فكنت أنظر إلى العظم يلوح فأكتب فيه الحديث والمسألة، وكانت لنا جرةٌ قديمةٌ، فإذا امتلأ العظم طرحته فى الجرة"؛ (حلية الأولياء لأبي نعيم ج 9 ص 73).

قال إسماعيل بن يحيى: سمعت الشَّافعى يقول: حفظت القرآن وأنا ابن سبع سنين، وحفظت الموطأ وأنا ابن عَشْر سنين؛ (تاريخ بغداد ج 2 ص: 63).

سَعة علم الإمام الشَّافعى:

قال أبو ثورٍ: كتب عبدالرحمن بن مهدى إلى الشَّافعى وهو شاب أن يضع له كتابًا فيه معانى القرآن، ويجمع قبول الأخبار، وحجة الإجماع، وبيان الناسخ والمنسوخ، فوضع له كتاب (الرسالة)؛ (سير أعلام النبلاء للذهبي ج 10 ص 44).

ذكاء الإمام الشَّافعى:

قال حرملة بن يحيى: سئل الشَّافعى عن رجلٍ فى فمه تمرةٌ، فقال: إن أكلتها، فامرأتى طالقٌ، وإن طرحتها، فامرأتى طالقٌ، قال: يأكل نصفًا، ويطرح النصف؛ (حلية الأولياء لأبي نعيم الأصبهاني ج 9 ص 143).

قوة حفظ الإمام الشَّافعى:

قال يونس بن عبد الأعلىٰ: كان الشَّافعي "يصـنع كتابًا مـن غدوةٍ إلىٰ الظهـر مـن حفظـه، مـن غيـر أن يكـون في يـده أصـلٌ"؛ (الحليـة ج 9 ص 129).

قراءة الشَّافعى الموطأ علىٰ الإمام مالك:

قال محمَّد بن عبدالله بن عبد الحكم: جاء الشَّافعى إلى مالك بن أنسٍ، فقال لـه: إنى أريد أن أسمع منك الموطأ، فقال مالكٌ: تمضى إلى حبيبٍ كاتبى، فإنه الذى يتولى قراءته، فقال له الشَّافعى: تسمع منى رضى الله عنك صفحًا، فإن استحسنتَ قراءتى قرأته عليك، وإلا تركت، فقال له: اقرأ، فقرأ صفحًا ثم وقف، فقال له مالكٌ: هيه، فقرأ صفحًا ثم سكت، فقال له: هيه، فقرأ، فاستحسن مالكٌ قراءته، فقرأه عليه أجمعَ؛ (الانتقاء في فضائل الثلاثة الأئمة الفقهاء لابن عبد البر ص 67)

شيوخ الإمام الشَّافعى:

بمكة: أخَذ الشَّافعى العلم عن مسلم بن خالد الزنجى مفتى مكة، وداود بن عبدالرحمن العطار، وعمه محمَّد بن على بن شافع، وسفيان بن عيينة، وعبدالرحمن بن أبى بكر المليكى، وسعيد بن سالم، وفضيل بن عياض، وآخرين.

وفي المدينة: أخذ العلم عن مالك بن أنس، وإبراهيم بن أبي يحيى، وعبدالعزيز الدراوردي، وعطاف بن خالد، وإسماعيل بن جعفر، وإبراهيم بن سعد، وطبقتهم.

وأخذ العلم باليمن عن: مطرف بن مازن، وهشام بن يوسف القاضي، وطائفة.

وأخذ العلم ببغداد عن: محمَّد بن الحسن، فقيهِ العراق، ولازَمَه، وعن إسماعيل ابنِ عُلَيَّةَ، وعبدالوهاب الثقفي، وآخرين؛ (السير ج10 ص6:7).

تلاميذ الإمام الشَّافعي:

الحميدي، وأبو عبيدٍ القاسمُ بن سلام، وأحمد بن حنبل، وسليمان بن داود الهاشمي، وأبو يعقوب يوسف البويطي، وأبو ثور إبراهيم بن خالد الكلبي، وحرملة بن يحيى، وموسى بن أبي الجارود المكي، وعبدالعزيز المكي صاحب "الحيدة"، وحسين بن علي، وإسحاق بن راهويه، ويونس بن عبد الأعلى، والربيع بن سليمان المرادي، ومحمَّد بن عبدالله بن عبد الحكم، وبحر بن نصر الخولاني، وآخرين سواهم؛ (سير أعلام النبلاء للذهبي ج 10 ص 7: 8).

عقيدة الإمام الشَّافعي:

(1) قال الشَّافعي: الإيمان قولٌ وعملٌ، يزيد وينقص؛ (السير ج 10 ص 32).

(2) قال الشَّافعى: القرآن كلام الله، مَن قال: مخلوقٌ، فقد كفر؛ (سير أعلام النبلاء للذهبي ج 10 ص 18).

(3) قال البويطى: سألت الشَّافعى: أصلى خلف الرافضى؟ قال: لا تُصلِّ خلف الرافضى، ولا القدرى، ولا المرجئ، قلت: صِفْهم لنا، قال: من قال: الإيمان قولٌ، فهو مرجئٌ، ومن قال: إن أبا بكرٍ وعمر ليسا بإمامين، فهو رافضى، ومن جعل المشيئة إلى نفسه، فهو قدرى؛ (سير أعلام النبلاء للذهبي ج 10 ص 31).

(4) قال الحسن بن محمَّد الزعفرانى: سمعت الشَّافعى يقول: حُكمى فى أصحاب الكلام أن يُضرَبوا بالجريد، ويُحمَلوا على الإبل، ويُطاف بهم فى العشائر والقبائل، يقال: هذا جزاءُ مَن ترك الكتاب والسنَّة، وأخذ فى الكلام؛ (الانتقاء في فضائل الثلاثة الأئمة الفقهاء لابن عبد البر ص 79).

(5) قال محمَّد بن عبدالله بن عبد الحكم: سمعت الشَّافعى يقول: "لو علِم الناس ما فى الكلام والأهواء، لفرُّوا منه كما يفرُّون من الأسد"؛ (حلية الأولياء لأبي نعيم الأصبهاني ج 9 ص 111).

(6) قال الربيع بن سليمان: قال الشَّافعى: يا ربيعُ، اقبل منى ثلاثةً: لا تخوضن فى أصحاب رسول الله H؛ فإنَّ خَصمَك النبيُّ صلى الله عليه وسلم غدًا، ولا تشتغل بالكلام؛ فإنى قد اطلعت من أهل الكلام على التعطيل، ولا تشتغل بالنجوم؛ (سير أعلام النبلاء للذهبي ج 10 ص 28).

(7) قال الربيع بن سليمان: سمعت الشَّافعى يقول: لم أرَ أحدًا أشهَدَ بالزور مِن الرافضة (الشيعة)؛ (سير أعلام النبلاء للذهبي ج 10 ص89).

عقيدة الإمام الشَّافعى فى الأسماء والصفات:

قال يونسُ بن عبد الأعلى: سمعت أبا عبدالله الشَّافعى يقول -وقد سُئل عن صفات الله تعالى وما يؤمن به- فقال: لله أسماءٌ وصفاتٌ، جاء بها كتابُه، وأخبر بها نبيُّه ﷺ أمتَه، لا يسَعُ أحدًا قامت عليه الحجة ردُّها؛ لأن القرآن نزل بها، وصح عن رسول الله ﷺ القول بها، فإن خالف ذلك بعد ثبوت الحجة عليه، فهو كافرٌ، فأما قبل ثبوت الحجة، فمعذورٌ بالجهل؛ لأن عِلمَ ذلك لا يُدرَك بالعقل، ولا بالرويَّة والفكر، ولا نكفِّر بالجهل بها أحدًا، إلا بعد انتهاء الخبر إليه بها، ونثبت هذه الصفات، ونَنفى عنها التشبيه، كما نفاه عن نفسه، فقال: ﴿ لَيْسَ كَمِثْلِهِ شَىْءٌ وَهُوَ السَّمِيعُ الْبَصِيرُ ﴾ [الشورى: 11]؛ (سير أعلام النبلاء للذهبي ج 10 ص 79: 80).

الإمام الشَّافعى ناصر القرآن والسنة:

قال أبو الفضل الزجاج: لما قدم الشَّافعى إلى بغداد، وكان فى الجامع إما نيف وأربعون حلقة أو خمسون حلقة، فلما دخل بغداد ما زال يقعد فى حلقة، حلقة، ويقول لهم: قال الله، وقال الرسول، وهم يقولون: قال

أصحابنا، حتى ما بقى فى المسجد حلقة غيره؛ (تاريخ بغداد للخطيب البغدادي ج 2 ص: 69: 68).

عبادة الإمام الشَّافعى:

(1) قال حسينٌ الكرابيسى: بتُّ مع الشَّافعى ليلةً، فكان يصلى نحو ثلث الليل، فما رأيته يزيد على خمسين آيةً، فإذا أكثر فمائة آيةٍ، وكان لا يمر بآية رحمةٍ إلا سأل الله، ولا بآية عذابٍ إلا تعوَّذ، وكأنَّما جُمع له الرجاء والرهبة جميعًا؛ (سير أعلام النبلاء للذهبي ج 10 ص 35).

(2) قال الربيع بن سليمان: "كان الشَّافعى قد جزأ الليل ثلاثة أجزاءٍ؛ الثلث الأول يكتب، والثلث الثانى يصلى، والثلث الثالث ينام"؛ (حلية الأولياء لأبي نعيم الأصبهاني ج 9 ص 135).

(3) قال إبراهيم بن محمَّد: "ما رأيت أحدًا أحسنَ صلاةً من محمَّد بن إدريس الشَّافعى؛ وذلك أنه أخذ من مسلم بن خالدٍ الزنجى، وأخذ مسلمٌ من ابن جريج، وأخذ ابن جريجٍ من عطاءٍ، وأخذ عطاءٌ من عبدالله بن الزبير، وأخذ ابن الزبير من أبى بكرٍ الصديق، وأخذ أبو بكرٍ من النبى H، وأخذ النبى H مِن جبريل عليه السلام"؛ (حلية الأولياء لأبي نعيم الأصبهاني ج 9 ص 135).

(4) قال الربيع بن سليمان: "كان محمَّد بن إدريس الشَّافعى يختم فى شهر رمضان ستين ختمةً، ما منها شىءٌ إلا فى صلاةٍ"؛ (الحلية ج 9 ص134).

(5) قال الربيع بن سليمان: قال لى الشَّافعى: عليك بالزهد؛ فإن الزهدَ على الزاهد أحسنُ من الحلى على المرأة الناهد (الشابة)؛ (الحلية ج 9 ص130).

اعتراف الشَّافعى بالفضل لمشايخه:

(1) قال يونس بن عبد الأعلى: سمعت الشَّافعى يقول: "ما نظرت فى موطأ مالكٍ إلا ازددت فهمًا"؛ (حلية الأولياء لأبي نعيم الأصبهاني ج 9 ص 70).

(2) قال هارون بن سعيدٍ: سمعت الشَّافعى يقول: "ما كتابٌ بعد كتاب الله أنفع من كتاب مالك بن أنسٍ"؛ (يعنى الموطأ)؛ (حلية الأولياء لأبي نعيم الأصبهاني ج 9 ص 70).

(3) قال يونس بن عبد الأعلى: سمعت الشَّافعى يقول: "لولا مالكٌ وابن عيينة، لذهب علمُ الحجاز"؛ (حلية الأولياء ج 9 ص 70).

(4) قال يونس بن عبد الأعلى: سمعت الشَّافعى يقول: "إذا جاء مالكٌ، فمالكٌ كالنجم"؛ (حلية الأولياء لأبي نعيم الأصبهاني ج 9 ص 70).

كرم وجُودُ الإمام الشَّافعى V:

(1) قال الحميدى: "قدم الشَّافعى من صنعاء إلى مكة بعشرة آلاف دينارٍ فى منديلٍ، فضرب خباءه فى موضعٍ خارجًا من مكة، فكان الناس يأتونه فيه، فما برح حتى وهبها كلها"؛ (حلية الأولياء ج 9 ص 130).

الدينار: يعادل أربعة جرامات وربعًا من الذهب الخالص.

(2) قال إسماعيل الحميري: "كان محمَّد بن إدريس الشَّافعى لَمَّا أُدخِل على أمير المؤمنين هارون الرشيد، وناظر بشرًا المريسى فقَطَعَه، خلَع هارونُ الرشيد على الشَّافعى، وأمَر له بخمسين ألف درهمٍ، فانصرف إلى البيت وليس معه شىءٌ، قد تصدَّق بجميع ذلك، ووصل به الناس"؛ (حلية الأولياء لأبي نعيم الأصبهاني ج 9 ص 131).

الدرهم: يعادل جرامين وثُمُنًا من الذهب الخالص.

(3) عبدالله بن محمَّد البلوى قال: أمر الرشيد لمحمَّد بن إدريس الشَّافعى بألف دينارٍ، فقبلها، فأمر الرشيد خادمه سراجًا باتباعه، فما زال يفرقها قبضةً قبضةً حتى انتهى إلى خارج الدار، وما معه إلا قبضةٌ واحدةٌ، فدفعها إلى غلامه، وقال: انتفع بها، فأخبر سراجُ الرشيد بذاك، فقال: "لهذا فرغ همُّه، وقَوِيَ مَتْنُه"؛ (حلية الأولياء لأبي نعيم الأصبهاني ج9 ص 131).

(4) قال إسماعيل بن يحيىٰ المزني: "ما رأيت رجلًا أكرم من الشَّافعي، خرجت معه ليلة عيدٍ من المسجد وأنا أذاكره في مسألةٍ، حتىٰ أتيت باب داره، فأتاه غلامٌ بكيسٍ، فقال: مولاي يقرئك السلام، ويقول لك: خُذ هذا الكيس، فأخذه منه وأدخله في كمه، فأتاه رجلٌ من الحلقة، فقال: يا أبا عبدالله، ولدت امرأتي الساعة، ولا شيء عندي، فدفع إليه الكيس، وصعِد وليس معه شيءٌ"؛ (حلية الأولياء لأبي نعيم ج 9 ص 132).

(5) محمَّد بن عبدالله بن عبد الحكم، قال: "كان الشَّافعى أسخى الناس بما يجده، فكان يمر بنا، فإن وجدنى، وإلا قال: قولى لمحمَّد إذا جاء يأتى المنزل؛ فإنى لست أتغدى حتى يجىء، فربما جئته، فإذا قعدت معه على الغداء قال: يا جارية، اضربى لنا فالوذجًا، فلا تزال المائدة بين يديه حتى تفرغ منه ويتغدى"؛ (حلية الأولياء ج 9 ص 132).

(6) قال عمرو بن سوادٍ السرجى: "كان الشَّافعى أسخى الناس على الدينار والدرهم والطعام"؛ (حلية الأولياء لأبي نعيم الأصبهاني ج 9 ص132).

نصيحة الإمام الشَّافعى لمؤدب أولاد الخليفة:

روى أبو نعيم عن كثيرٍ قال: أدخل الشَّافعى يومًا إلى بعض حجر هارون الرشيد ليستأذن على أمير المؤمنين، ومعه سراجٌ الخادم، فأقعده عند أبى عبدالصمد مؤدب أولاد الرشيد، فقال سراجٌ للشافعى: يا أبا عبدالله، هؤلاء أولاد أمير المؤمنين، وهو مؤدبهم، فلو أوصيته بهم، فأقبل الشَّافعى على أبى عبدالصمد فقال له: "ليكن أول ما تبدأ به من إصلاح أولاد أمير المؤمنين إصلاح نفسك؛ فإن أعينهم معقودةٌ بعينك؛ فالحسن عندهم ما تستحسنه، والقبيح عندهم ما تركته، علِّمْهم كتاب الله، ولا تكرههم عليه فيملُّوه، ولا تتركهم منه فيهجروه، ثم رَوِّهم من الشِّعر أعفَّه، ومن الحديث أشرفه، ولا تخرجنهم من علمٍ إلى غيره حتى

يُحكِّموه؛ فإن ازدحام الكلام فى السمع مضلةٌ للفهم"؛ (حلية الأولياء لأبي نعيم الأصبهاني ج 9 ص 147).

أقوال العلماء فى الشَّافعى:

(1) قال قتيبة بن سعيد: الشَّافعى إمام؛ (تاريخ بغداد للخطيب البغدادي ج 2 ص: 67).

(2) قال على بن المدينى (شيخ البخارى): عليكم بكتب الشَّافعى؛ (سير أعلام النبلاء للذهبي ج 10 ص 56).

(3) قال أحمد بن على الجرجانى: كان الحميدى (شيخ البخارى) إذا جرى عنده ذِكر الشَّافعى يقول: حدثنا سيدُ الفقهاء الشَّافعيُّ؛ (تاريخ بغداد للخطيب البغدادي ج 2 ص: 68).

(4) قال أحمد بن محمَّد ابن بنت الشَّافعى: سمعت أبى وعمى يقولان: كان سفيان بن عيينة إذا جاءه شىءٌ من التفسير والرؤيا يسأل عنها، التفتَ إلى الشَّافعى، فيقول: "سلُوا هذا"؛ (حلية الأولياء ج 9 ص 91).

(5) قال سويد بن سعيدٍ: كنا عند سفيان بن عيينة، فجاء محمَّد بن إدريس فجلس، فروى ابن عيينة حديثًا رقيقًا، فغُشِى على الشَّافعى، فقيل: يا أبا محمَّد، مات محمَّد بن إدريس، فقال ابن عيينة: "إن كان قد مات محمَّد بن إدريس، فقد مات أفضل أهل زمانه"؛ (الحلية ج 9 ص 95).

(6) قال يونس الصدفى: ما رأيت أعقلَ مِن الشَّافعى، ناظرته يومًا فى مسألةٍ، ثم افترقنا، ولقينى، فأخذ بيدى، ثم قال: يا أبا موسى، ألا يستقيم أن نكون إخوانًا وإن لم نتفِقْ فى مسألةٍ؛ (سير الذهبي ج 10 ص 16).

(7) قال الحميدى (شيخ البخارى): سمعت الزنجى مسلم بن خالدٍ يقول للشافعى: "أفتِ يا أبا عبدالله؛ فقد والله آنَ لك أن تفتى"، وهو ابن خمس عشرة سنةً؛ (سير أعلام النبلاء للذهبي ج 10 ص 15: 16).

(8) قال أحمد بن حنبل: ما أحدٌ مس محبرةً ولا قلمًا إلا وللشافعى فى عنقه منَّةٌ؛ (السير ج: 10 ص: 47).

(9) قال عبدالله بن أحمد بن حنبل: قلت لأبى: يا أبت، أى رجل كان الشَّافعى؛ سمعتك تكثر من الدعاء له؟!؟ فقال: يا بنَّى، كان الشَّافعى كالشمس للدنيا، وكالعافية للناس، فانظر هل لهذين من عِوَض؛ (تاريخ بغداد للخطيب البغدادي ج: 2 ص: 66).

(10) قال الميمونى: سمعت أحمد بن حنبل يقول: ستة أدعو لهم فى السَّحَر، أحدهم الشَّافعى؛ (صفة الصفوة لابن الجوزي ج: 2 ص: 250).

(11) قال أحمد: كان الشَّافعى إذا تكلم كأن صوتَه صوتُ صنجٍ وجرسٍ، مِن حُسن صوته؛ (السيرج: 10 ص:49).

(12) قال أحمد بن حنبلٍ: صاحب حديثٍ لا يشبَع مِن كتب الشَّافعى؛ (سير أعلام النبلاء للذهبي ج: 10 ص: 57).

(13) قال محمَّد بن عبدالله الرازى: سمعت ابن راهويه يقول: كنتُ مع أحمدَ بمكة فقال: "تعالَ حتى أريك رجلًا لم ترَ عيناك مثله"، فأرانى الشَّافعى؛ (حلية الأولياء لأبي نعيم الأصبهاني ج: 9 ص: 97).

(14) قال عبدالله بن أحمد بن حنبلٍ: سمعت أبى يقول: كان الشَّافعى مِن أفصح الناس؛ (الانتقاء في فضائل الثلاثة الأئمة الفقهاء لابن عبدالبر ص: 75).

(15) قال أبو ثورٍ: قال لى عبدالرحمن بن مهدى: ما أصلِّي صلاةً إلا وأنا أدعو للشافعى فيها؛ (السير ج: 10 ص: 44).

(16) قال ابن عبد الحكم: ما رأيتُ الشَّافعى يناظر أحدًا إلا رحِمْتُه، ولو رأيتَ الشَّافعىَّ يناظرك لظننتَ أنه سَبُعٌ يأكلك، وهو الذى علَّم الناس الحجج؛ (سير أعلام النبلاء للذهبي ج 10 ص: 49: 50).

(17) قال أحمد بن مسلمة النيسابورى: تزوج إسحاق بن راهويه بمرو بامرأة رجلٍ كان عنده كتب الشَّافعى، فتوفى، لم يتزوج بها إلا لحال كتب الشَّافعى، فوضع جامعه الكبير على كتاب الشَّافعى؛ (الحلية ج 9 ص 102: 103).

(18) قال معمر بن شبيبٍ: سمعت الخليفة المأمون يقول: قد امتحنت محمَّد بن إدريس فى كل شىءٍ، فوجدته كاملًا؛ (السير ج 10 ص 17).

(19) قال يحيى بن سعيدٍ القطان: أنا أدعو الله للشافعى حتى فى صلاتى؛ (سير أعلام النبلاء للذهبي ج 10 ص 20).

(20) قال عبدالملك بن هشامٍ اللغوى: طالت مجالستنا للشافعى، فما سمعت منه لحنةً (خطأً) قط؛ (السير ج 10 ص 49).

(21) قال أبو بكر بن خلادٍ: أنا أدعو الله فى دبر صلاتى للشافعى؛ (سير أعلام النبلاء للذهبي ج 10 ص 20).

(22) قال أبو ثور: من زعم أنه رأى مثل محمَّد بن إدريس فى علمه وفصاحته ومعرفته وثباته وتمكُّنه، فقد كذَب؛ (تاريخ بغداد للخطيب ج 2 ص: 67).

قبس من كلام الشَّافعى V:

(1) كل متكلمٍ على الكتاب والسنة فهو الجِدُّ، وما سواه فهو هذَيانٌ؛ (سير أعلام النبلاء للذهبي ج 10 ص: 20).

(2) "طلب العلم أفضل من صلاة النافلة"؛ (حلية الأولياء ج: 9 ص: 119).

(3) قال الشَّافعى لبعض أصحاب الحديث: أنتم الصيادلة، ونحن الأطباء؛ (سير أعلام النبلاء للذهبي ج 10 ص: 23).

(4) مَن تعلَّم القرآن عظمت قيمتُه، ومَن تكلم فى الفقه نما قدرُه، ومن كتب الحديث قويَتْ حجتُه، ومَن نظر فى اللغة رقَّ طبعُه، ومن نظر فى الحساب جزُل رأيُه، ومَن لم يصُنْ نفسَه لم ينفعه علمٌ؛ (سير أعلام النبلاء للذهبي ج 10 ص: 24).

(5) وددتُ أن كل علمٍ أعلَمُه يعلمُه الناس، أوجَرُ عليه ولا يحَمَدونى"؛ (حلية الأولياء لأبي نعيم الأصبهاني ج 9 ص 119).

(6) كل ما قلتُ، وكان عن النبي **H** خلافُ قولى مما يصحُّ، فحديثُ النبي صلى الله عليه وسلم أَوْلى، ولا تقلِّدونى؛ (سير أعلام النبلاء للذهبي ج 10 ص: 33).

(7) إذا وجدتم فى كتابى خلافَ سنَّة رسول الله **H** فقولوا بها، ودعُوا ما قلتُه؛ (السير ج 10 ص: 34).

(8) كلُّ حديثٍ عن النبي صلى الله عليه وسلم فهو قولى، وإن لم تسمعوه منى؛ (سير أعلام النبلاء للذهبي ج 10 ص: 35).

(9) إذا صحَّ الحديث فهو مذهبى، وإذا صح الحديث، فاضربوا بقولى الحائط؛ (سير أعلام النبلاء للذهبي ج 10 ص: 35).

(10) أصلُ العلم: التثبيت، وثمرته: السلامة، وأصل الورَع: القناعة، وثمرته: الراحة. وأصل الصبر: الحزم، وثمرته: الظَّفَر، وأصل العمل: التوفيق، وثمرته: النُّجْح. وغاية كل أمرٍ: الصدقُ؛ (سيرالأعلام ج 10 ص: 40، 41).

(11) العالم يُسأل عما يعلَم وعما لا يعلم، فيُثبت ما يعلم، ويتعلم ما لايعلم، والجاهل يغضب من التعلُّم، ويأنَف من التعليم؛ (السير ج 10 ص: 41).

(12) ليس إلى السلامة من الناس سبيلٌ؛ فانظُرْ إلى ما يُصلِح دِينَك فالزَمْه؛ (حلية الأولياء لأبي نعيم الأصبهاني ج 9ص 148).

(13) إذا خِفتَ على عملك العُجْبَ، فاذكر رضَا مَن تطلب، وفى أى نعيمٍ ترغب، ومن أى عقابٍ ترهب، فمَن فكَّر فى ذلك، صغُر عنده عملُه؛ (سير أعلام النبلاء للذهبي ج 10 ص: 42).

(14) آلات الرياسة خمسٌ: صِدق اللهجة، وكتمان السر، والوفاء بالعهد، وابتداء النصيحة، وأداء الأمانة؛ (سير أعلام النبلاء للذهبي ج 10 ص: 42).

(15) ينبغى للفقيه أن يضع التراب على رأسه تواضعًا لله، وشكرًا لله؛ (سير أعلام النبلاء للذهبي ج 10 ص: 53).

(16) "إذا رأيتُ رجلًا من أصحاب الحديث كأنى رأيتُ رجلًا من أصحاب النبى H"؛ (حلية الأولياء ج 9 ص 109).

وفاة الشَّافعى:

قال محمَّد بن يحيى المزنى: دخلت على الشَّافعى فى مرضه الذى مات فيه، فقلت: يا أبا عبدالله، كيف أصبحتَ؟ فرفع رأسه، وقال: أصبحت من الدنيا راحلًا، ولإخوانى مفارقًا، ولسوء عملى ملاقيًا، وعلى الله واردًا، ما أدرى روحى تصير إلى جنةٍ فأهنِّيها، أو إلى نارٍ فأعزِّيها، ثم بكى وأنشأ يقول:

ولمَّا قسَا قلبي وضاقَتْ مذاهبي *** جعلتُ رجائي دون عفوِك سُلَّمَا

تعاظَمَني ذنبي فلما قرنتُه *** بعفوِك ربي كان عفوُك أعظمَا

فما زلتَ ذا عفوٍ عن الذنبِ لم تزَلْ *** تجود وتعفو مِنَّةً وتكرُّمَا

فإن تنتقِمْ مني فلستُ بآيسٍ ❋❋ ولو دخَلَتْ نفسي بجُرمي جهنَّما

ولولاك لم يغوَ بإبليس عابدٌ ❋❋ فكيف وقد أغوى صفيَّك آدمَا

وإني لآتي الذنبَ أعرِفُ ❋❋ قَدْرَه وأعلم أن اللهَ يعفو ترحُّمَا

(سير أعلام النبلاء للذهبي ج 10 ص 76: 75).

توفى الإمام الشَّافعى ليلة الجمعة بعد العشاء، آخر يوم من شهر رجب، ودفن يوم الجمعة، سنة أربع ومائتين، وعاش أربعًا وخمسين سنة؛ (تاريخ بغداد للخطيب البغدادي ج 2 ص: 70)، (صفة الصفوة لابن الجوزي ج 2 ص 258).

رحم الله الإمَام الشَّافعى، وجمعنا معه فى الفردوس الأعلى من الجنة مع النبيِّين والصِّدِّيقين والشهداء والصالحين، وحسن أولئك رفيقًا.

❋ ❋ ❋

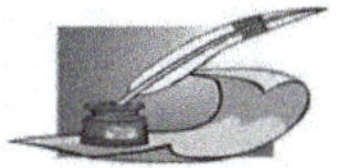

الباب الأول
أحكام الطهارة

الطهارة

المياه

النجاسة

آداب قضاء الحاجة

- أحكام الطهارة

الطهارة

س / ما الطهارة لغةً واصطلاحًا؟

ج: لغةً: هي النظافة والتخلص من الأدناس، حسية كانت كالنجس، أو معنوية كالعيوب.

واصطلاحًا: هي فعل شيء تستباح به الصلاة من وضوء، وغسل، وتيمم، وإزالة نجاسة عن ثوب أو مكان.

س/2 ما الدليل من القرآن والسنة على الطهارة؟

ج: من القرآن الكريم: قوله تعالى: ﴿فِيهِ رِجَالٌ يُحِبُّونَ أَن يَتَطَهَّرُوا وَٱللَّهُ يُحِبُّ ٱلْمُطَّهِّرِينَ﴾ [التوبة: 108]

ومن السنة: قال رسول الله **H** : «الطُّهُورُ شَطْرُ الإِيمَانِ».

س/3 ما حكم الطهارة؟

ج: واجبة شرعًا، لأن الطهارة مفتاح الصلاة، وشرط لصحة الصلاة، كالوضوء لغير المتوضئ، والغسل لمن وجب عليه ذلك. فالصلاة لا تصح من غير وضوء ، لقوله تعالى: ﴿يَٰٓأَيُّهَا ٱلَّذِينَ ءَامَنُوٓا إِذَا قُمْتُمْ إِلَى ٱلصَّلَوٰةِ فَٱغْسِلُوا وُجُوهَكُمْ وَأَيْدِيَكُمْ إِلَى ٱلْمَرَافِقِ وَٱمْسَحُوا بِرُءُوسِكُمْ وَأَرْجُلَكُمْ إِلَى ٱلْكَعْبَيْنِ﴾ المائدة: 6

س/4 ما ضرورات الطهارة؟

ج: لقد شرع الإسلام الطهارة لحكم كثيرة، منها ما يلى:

1-أن الطهارة من دواعى الفطرة.

2-المحافظة على كرامة المسلم وعزته، فالناس يميلون بطبعهم إلى النظيف، ولما كان الإسلام حريصًا على كرامة المؤمن وعزته أمره بالنظافة، ليكون بين إخوانه عزيزًا كريمًا.

3-المحافظة على الصحة، فالنظافة تحمى الإنسان من الأمراض.

4-الوقوف بين يدى الله طاهرًا نظيفًا، لأن الإنسان فى صلاته يخاطب ربه ويناجيه، فالأَولى به أن يكون طاهر الظاهر والباطن، نظيف القلب والجسم، فإن الله D يحب التوابين ويحب المتطهرين.

س/5 بأى شىء تكون الطهارة؟

ج: تكون الطهارة بالماء الطهور أو الماء المطلق، أى (الماء) الذى لم يخالطه شىء، أو المسح بالورق أو الحجارة فى حال الاستنجاء، أى: إزالة النجاسة. والتطهر بالتراب طهارة حكمية.

س/6 هل الطهارة فقط للعبادات؟

ج: الطهارة للعبادات وغيرها لقوله تعالى: ﴿إِنَّ ٱللَّهَ يُحِبُّ ٱلتَّوَّٰبِينَ وَيُحِبُّ ٱلۡمُتَطَهِّرِينَ﴾ [البقرة: 222]

ـ أحكام الطهارة

** * *

المياه

س/ عرّف الماء لغةً واصطلاحًا؟

ج: لغةً: هو سائل عليه عِماد الحياة فى الأرض، يتركب من اتحاد الهيدروجين والأكسجين بنسبة حجمين من الأول إلى حجم من الثانى، وهو فى نقائه شفافٌ، لا لون له، ولا رائحة.

واصطلاحًا: هو جسم رقيق مائع، وهو حياة كل الأنام. قال تعالى: ﴿وَجَعَلْنَا مِنَ ٱلْمَآءِ كُلَّ شَىْءٍ حَىٍّ﴾ [الأنبياء: 30]

س2/ ما أقسام المياه؟

ج: تقسم المياه إلى أربعة أقسام:

1- الطاهر المطهر: وهو الماء المطلق.

2- الطاهر المطهر المكروه: وهو الماء المشمس، والماء المشمس هو الماء الذى سخنته الشمس، وحتى يكون مشمسًا يجب أن تتحقق فيه ثلاثة شروط:

* أن يكون فى البلاد الحارة جدًا.

* أن يكون موضوعًا فى الآنية كالحديد، والنحاس.

* أن يكون استعماله لجسم الإنسان.

واستعماله يسبب مرض البرص، وهو مرض جلدى غير معدى. فعن عُمَرَ بْنِ الْخَطَّابِ I, قَالَ: «لَاتَغْسِلُوا بِالْمَاءِ الْمُشَمَّسِ , فَإِنَّهُ يُورِثُ الْبَرَصَ»

3- الطاهر غير المطهر على نوعين:

الأول: هو الماء القليل المستعمل فى فرض الطهارة كالغسل، والوضوء.

ملاحظة:

* الماء القليل المستعمل هو ماء طاهر غير مطهر ، أما الماء المستعمل الكثير فهو ماء طاهر مطهر. (كماء المسبح).

* الماء المستعمل عند جمهور الفقهاء طاهر، ولكن خلافهم فى استعماله، فعند الشافعى القليل منه ماء طاهر غير مطهر، والكثير طاهر مطهر، والإمام مالك يجوِّز استعماله مع الكراهة.

و الثانى: هو الماء المطلق الذى خالطه شىء من الطاهرات التى يستغنى عنها الماء عادة، والتى لا يمكن فصلها بعد المخالطة (كالشاى، أو التمر هندى).

4-الماء المتنجس: هو الماء الذى وقعت فيه نجاسة، وهو قسمان:

الأول قليل: وهو ما كان دون قلتين ، والقلتان تساوى 270 لتراً.

والثانى كثير: وهو ما كان قلتين فأكثر، وهذا الماء لا ينجس بمجرد وقوع نجاسة فيه ، إلا إذا تغير لونه، أو رائحته، أو طعمه. لقوله H: «إِذَا كَانَ الْمَاءُ قُلَّتَيْنِ لاَ يَحْمِلِ الْخَبَثَ».

– أحكام الطهارة

س3/ ما أنواع المياه؟

ج: للمياه سبعة أنواع: 1-ماء المطر،2- ماء الثلج 3-ماء البرد 4- ماء البحر5- ماء النهر6- ماء البئر 7-ماء العين.(أى كل ماء نبع من الأرض، أو نزل من السماء).

النجاسة

س/ عرف النجاسة لغةً واصطلاحًا؟

ج: لغةً: هو كل مستقذر، أو كل شىء قذر.

اصطلاحًا: مستقذر يمنع صحة الصلاة كالدم، والبول. قال تعالى: ﴿ يَٰٓأَيُّهَا ٱلَّذِينَ ءَامَنُوٓاْ إِنَّمَا ٱلۡخَمۡرُ وَٱلۡمَيۡسِرُ وَٱلۡأَنصَابُ وَٱلۡأَزۡلَٰمُ رِجۡسٞ مِّنۡ عَمَلِ ٱلشَّيۡطَٰنِ فَٱجۡتَنِبُوهُ لَعَلَّكُمۡ تُفۡلِحُونَ ﴾ [المائدة: 90]

س/ ما أنواع النجاسات؟

ج: 1- الخمر وكل مائع مسكر:

قال رسول الله ﷺ «كُلُّ مُسۡكِرٍ خَمۡرٌ، وَكُلُّ مُسۡكِرٍ حَرَامٌ» وقال ﷺ: « مَا أَسۡكَرَ كَثِيرُهُ فَقَلِيلُهُ حَرَامٌ ».

2- الكلب والخنزير: قال رسول الله ﷺ: « طُهُورُ إِنَاءِ أَحَدِكُمۡ إِذَا وَلَغَ فِيهِ الۡكَلۡبُ أَنۡ يُغۡسَلَ سَبۡعَ مَرَّاتٍ أُولَاهُنَّ بِالتُّرَابِ » وتطهر جلود الحيوانات كلها بالدبغ. وقال رسول الله ﷺ: « إِذَا دُبِغَ الۡإِهَابُ فَقَدۡ

طَهُرَ »، إلا جلد الكلب والخنزير فإنه لا يطهر أبدًا، لذلك اعتبر من النجاسات المغلظة.

3-الميتة: وهى كل حيوان مات بغير ذكاة شرعية. قال الله تعالى: ﴿ حُرِّمَتْ عَلَيْكُمُ ٱلْمَيْتَةُ﴾[المائدة: 3].

س/ ما يستثنى من نجاسة الميتة؟

ج: يُستثنى ثلاثة أشياء، وهى:

1) ميتة الإنسان: قال تعالى: ﴿ وَلَقَدْ كَرَّمْنَا بَنِي ءَادَمَ﴾ الإسراء: 70

قال رسول الله ﷺ: « سُبْحَانَ اللَّهِ إِنَّ الْمُؤْمِنَ لاَ يَنْجُسُ » رواه مسلم.

2) السمك.

3) الجراد: قال رسول الله ﷺ: « أُحِلَّتْ لَكُمْ مَيْتَتَانِ وَدَمَانِ ، فَأَمَّا الْمَيْتَتَانِ ، فَالْحُوتُ وَالْجَرَادُ ، وَأَمَّا الدَّمَانِ ، فَالْكَبِدُ وَالطِّحَالُ».

4) الدم السائل: ومنه القيح، قال تعالى: ﴿ أَوْ دَمًا مَّسْفُوحًا أَوْ لَحْمَ خِنزِيرٍ فَإِنَّهُ رِجْسٌ﴾ [الأنعام:145]

- ويُستثنى من نجاسة الدم: الكبد والطحال.

5) بول الإنسان وغائطه، وبول الحيوان وفرثه: لحديث الأعرابى الذى بال فى المسجد فقال رسو الله ﷺ: «أَهْريقُوا عليه سَجْلا من ماءٍ»، والأمر بصب الماء عليه دليل على نجاسته.

ـ أحكام الطهارة

6) كل جزء انفصل من الحيوان حال حياته فإنه نجس: قال رسول الله صلى الله عليه وسلم: «مَا قُطِعَ مِنْ بَهِيمَةٍ وَهِيَ حَيَّةٌ فَهُوَ مَيْتَةٌ» رواه: الدارمي

أي: ما قطع منها وهي حية، يعتبر بمثابة الميتة لا يجوز أكله.

7) لبن الحيوان غير مأكول اللحم: كالحمار ونحوه ، لأن لبنه كلحمه، ولحمه نجس.

س/ ما النجاسات المعفو عنها؟

ج: 1- دم وقيح الجروح ولو كان كثيرًا: شريطة أن يكون من الإنسان نفسه، وأن يكون بفعله وتعمده.

2- اليسير من الدم والقيح، ودم البراغيث، ونيم الذباب، أي: نجاسته: ما لم يكن بفعل الإنسان وتعمده.

3- رشاش البول البسيط الذي أصاب الثوب أو البدن، سواء كانت النجاسة مخففة، أو متوسطة، مغلظة.

4- روث الدواب الذي يصيب الحبوب أثناء دراستها، وروث الإنعام الذي يصيب اللبن أثناء الحلب مالم يكثر، فيغير اللبن.

5- روث السمك في الماء مالم يتغير، وذرق الطيور في الأماكن التي تتردد عليها كالحرم المكي، والحرم المدني، وغيرهم.

6- ما يصيب ثوب الجزار من الدم ما لم يكثر.

7- الدم الذي على اللحم.

8- فم الطفل المُتنجس بالقىء إذا أخذ ثدى أمه.

9-ما يصيب الإنسان من طين الشارع إن شك فى نجاسته.

10-الميتة التى لا نفس لها سائلة، أى: لا دم لها من نفسها إذا وقعت فى مائع، كالذباب، والنحل، والنمل.

س/ كيفية التطهير من النجاسات؟

ج: 1- التطهير من النجاسات المغلظة: وهى نجاسة الكلب والخنزير، ولا تطهر إلا إذا غسلت 7 مرات إحداهن بالتراب.

2- التطهير من النجاسة المخففة: وهى بول الصبى الذى لم يطعم إلا اللبن، وهذه النجاسة تُطهر برش الماء عليها حتى يَعُمّها الرش.

3-التطهير من النجاسة المتوسطة: وهى كل نجاسة ما عدا الكلب ، والخنزير، والصبى الذى لم يطعم، وهذه النجاسة إنما تطهر إذا جرى الماء عليها وذهب بأثرها، أو بغسلها ثلاث مرات فإنها تطهر.

س/ حكم إزالة النجاسة؟

ج: إزالة النجاسة عن بدن المصلى وثوبه ومكانه واجبة إلا ما عُفى عنه، دفعًا للحرج والمشقة، قال تعالى ﴿وَمَا جَعَلَ عَلَيْكُمْ فِي ٱلدِّينِ مِنْ حَرَجٍ﴾ [الحج: 78].

أما طهارة الثياب فلقوله تعالى: ﴿وَثِيَابَكَ فَطَهِّرْ﴾ [المدثر: 4]، وأما طهارة المكان للصلاة فلحديث الأعرابى الذى بال فى المسجد ، فقام إليه الناس

ـ أحكام الطهارة

ليقعوا به، فقال النبي ﷺ: « إِنَّمَا بُعِثْتُمْ مُيَسِّرِينَ وَلَمْ تُبْعَثُوا مُعَسِّرِينَ صُبُّوا عَلَيْهِ سَجْلاً مِنْ مَاءٍ »

آداب قضاء الحاجة

س/ ما معنى قضاء الحاجة؟

ج: القضاء في اللغة على وجوه: مرجعها إلى انقطاع الشيء وتمامه.

والحاجة: المأربة، ويكنى عنها في استعمال العرب بالبول والغائط، كما يُكنَّى عن التبول والتغوط بقضاء الحاجة، قال الغزالي: الكناية بقضاء الحاجة عن التبول والتغوط أولى من التصريح.

والخلاصة: أن المقصود من قضاء الحاجة، أي: الذهاب إلى المرحاض للتبول والتغوط، وبذلك يكون قد طرح الفضلات من الجسم.

وهذه من النعم الجليلة التي يغفل عنها الإنسان، وكل ذلك بفضل الله علينا بنعمة العافية.

س/ ما آداب قضاء الحاجة في الأبنية؟

ج: 1- الدخول بالرجل اليسرى، والخروج بالرجل اليمنى.

2- أن يقول عند الدخول: اللهم إني أعوذ بك من الخبث والخبائث. عَنْ أَنَسٍ I، قَالَ: كَانَ النَّبِيُّ ﷺ إِذَا دَخَلَ الْخَلَاءَ، قَالَ: « اللَّهُمَّ إِنِّي أَعُوذُ بِكَ مِنَ الْخُبْثِ وَالْخَبَائِثِ » أخرجه البخاري في: 4 كتاب الوضوء.

3- ويقول عند الخروج: غفرانك ، فعن عَائِشَةُ J أَنَّ النَّبِيَّ - صلى الله عليه وسلم - كَانَ إِذَا خَرَجَ مِنَ الْغَائِطِ قَالَ « غُفْرَانَكَ ».

4- لا يبول قائمًا لمنافاته الوقار، ومحاسن العادات، ولأنه يتطاير عليه رشاش البول، قالت عائشة J: «مَنْ حَدَّثَكُمْ أَنَّ النَّبِيَّ صلى الله عليه وسلم كَانَ يَبُولُ قَائِمًا فَلَا تُصَدِّقُوهُ، مَا كَانَ يَبُولُ إِلَّا قَاعِدًا»

وكلام عائشة J مبني على ما علمت، فلا ينافي ذلك ما روى عن حذيفة I قال: أَتَى النَّبِيُّ صلى الله عليه وسلم سُبَاطَةَ قَوْمٍ فَبَالَ قَائِمًا ثُمَّ دَعَا بِمَاءٍ فَجِئْتُهُ بِمَاءٍ فَتَوَضَّأَ»

5- أن لا يستنجي بيمينه تنزيهًا لها عن مباشرة الأقذار. فعن حَفْصَةَ J زَوْج النَّبِيِّ - صلى الله عليه وسلم - أَنَّ النَّبِيَّ - صلى الله عليه وسلم - كَانَ يَجْعَلُ يَمِينَهُ لِطَعَامِهِ وَشَرَابِهِ وَثِيَابِهِ وَيَجْعَلُ شِمَالَهُ لِمَا سِوَى ذَلِكَ».

6- أن يزيل ما على العورة من النجاسة بالماء، فإن لم يجد فبالحجر، وأن ينضح(أى: يرش) مكان خروج البول بالماء.

7- إغلاق الباب جيدًا، وعدم تركه مفتوحًا، وتنبيه من أراد الدخول بقرع الباب من الداخل لينتظر.

8- غضّ البصر، وتجنب النظر للعورة إلا بقدر الحاجة لذلك فقط.

9- غسل اليد قبل الاستنجاء بها، لئلا يتشرب مسام الجلد الماء النجس، والرائحة الكريهة.

- أحكام الطهارة

10-أن يغسل يده بالصابون ونحوه بعد الاستنجاء.

11-تنظيف مكان الخلاء بعد قضاء الحاجة حتى لا يبقى أثرًا ولا رائحة.

12-ويكره الذكر والكلام أثناء قضاء الحاجة، وذلك لحديث ابن عمر ﵄:

«أَنَّ رَجُلًا مَرَّ وَرَسُولُ اللهِ ﷺ يَبُولُ، فَسَلَّمَ، فَلَمْ يَرُدَّ عَلَيْهِ» رواه مسلم

س/ ما آداب قضاء الحاجة في غير الأبنية؟

ج: 1- أن يبتعد عن أعين الناظرين.

2- أن يستتر بشيء إن وجده.

3- أن لا يكشف عورته قبل الانتهاء إلى موضع الجلوس.

4-أن يتجنب استقبال القبلة واستدبارها، وأن لا يستقبل الشمس ولا القمر، ولا يستد برهما، بل ينحرف عنهما.

5-أن يتجنب البول في الماء الراكد: فعن أَبِي هُرَيْرَةَ أَنَّهُ سَمِعَ رَسُولَ اللهِ ﷺ ، قَالَ: « لاَ يَبُولَنَّ أَحَدُكُمْ فِي الْمَاءِ الدَّائِمِ الَّذِى لاَ يَجْرِى ثُمَّ يَغْتَسِلُ فِيهِ». أخرجه البخاري في: 68 باب البول في الماء الدائم.

6- وتحت الشجرة المثمرة، وفي الطريق، والثقب، والظل

عَنْ مُعَاذِ بْنِ جَبَلٍ، قَالَ: قَالَ رَسُولُ اللَّهِ ﷺ: « اتَّقُوا الْمَلَاعِنَ الثَّلَاثَةَ: الْبَرَازَ فِي الْمَوَارِدِ، وَقَارِعَةِ الطَّرِيقِ، وَالظِّلِّ ».

7- وأن يتقي الموضع الصلب، ومهاب الرياح.

8- من الأفضل أن يتكىء فى جلوسه على الرجل اليسرى.

س/ ما معنى الاستنجاء لغةً واصطلاحًا؟

ج: لغةً: مأخوذ من النجاء، وهو الخلاص من الأذى. واصطلاحًا: هو إزالة النجاسة عن مخرج البول، أو الغائط.

س/ ما حكم الاستنجاء؟

ج: الاستنجاء واجب شرعًا، ولا تصح الصلاة من غير إزالة النجاسة، وتمكين النظافة.

س/ بأى شىء يكون الاستنجاء؟

ج: يكون بالماء: وهو الأفضل والأنظف والأضمن لتمام النظافة والطهارة، فإن لم يوجد فبالحجر أو بالمحارم الورقية.

ولا يصح الاستنجاء بعظم، ولا بشىء أصله نجس كروث الحيوانات، ولا يكون الاستنجاء إلا باليد الشمال. فعن سَلْمَانَ I قَالَ قِيلَ لَهُ لَقَدْ عَلَّمَكُمْ نَبِيُّكُمْ صلى الله عليه وسلم كُلَّ شَىْءٍ حَتَّى الْخِرَاءَةَ. قَالَ أَجَلْ لَقَدْ نَهَانَا أَنْ نَسْتَقْبِلَ الْقِبْلَةَ بِغَائِطٍ أَوْ بَوْلٍ وَأَنْ لاَ نَسْتَنْجِيَ بِالْيَمِينِ وَأَنْ لاَ يَسْتَنْجِيَ أَحَدُنَا بِأَقَلَّ مِنْ ثَلاَثَةِ أَحْجَارٍ أَوْ يَسْتَنْجِيَ بِرَجِيعٍ أَوْ عَظْمٍ».

س/ ما معنى الحدث لغةً واصطلاحًا؟

ج: لغة: الشىء الحادث.

- أحكام الطهارة

اصطلاحًا: هو أمر اعتباري يقوم بالأعضاء يمنع من صحة الصلاة وما في حكمها كالطواف، وقراءة القرآن.

س/ ما أنواع الحدث؟

ج: الحدث نوعان: وهما حدث أصغر وحدث أكبر

1- **الحدث الأصغر:** هو ما يوجب الوضوء، كالبول، أو الغائط، أو خروج ريح أو صوت، أو نوم على غير هيئة المتمكن، أو زوال العقل بسكر أو مرض، وسائر نواقض الوضوء، فما أوجب الوضوء فهو حدَث أصغر.

2- **الحدث الأكبر:** ما يوجب الغسل، وهو ثلاثة أنواع: الجنابة والحيض والنفاس، فالجنب والحائض والنفساء حدثهم حدث أكبر، ولا يرتفع إلا بالغسل.

س/ كيف يمكن رفع الحدث الأصغر؟

ج: يرتفع الحدث الأصغر بالوضوء.

س/ كيف يرتفع الحدث الأكبر؟

ج: يرتفع الحدث الأكبر بالغسل.

س/ ماذا يحرم بالحدث الأصغر؟

ج: يحرم ثلاثة أشياء:

1- الصلاة. 2- الطواف. 3- مس المصحف وحمله.

والحدث الأصغر يوجب الوضوء.

س / ماذا يحرم بالحدث الأكبر؟

ج: 1- تحرم الصلاة. 2- الطواف بالبيت 3- مس المصحف وحمله ولو

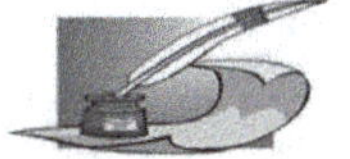

الباب الثانى
أحكام الوضوء والغسل

الوضوء
سنن الوضوء
مكروهات الوضوء
نواقض الوضوء
أحكام الغُسل
التيمم

ف	ر	ا	ا	ة	ا	ش	ا	ه	ا	ا	ت	الأ	ا

الوضوء

الوضوء على المذهب الشافعى	
العمل	حكمه
النية عند غسل الوجه	ركن
التسمية	سنة
السواك	سنة
غسل الكفين قبل إدخالهما الإناء	سنة
المضمضة ثلاثًا	سنة
الاستنشاق والاستنثار ثلاثًا	سنة
تخليل اللحية	سنة
غسل جميع الوجه مرة واحدة	ركن
غسل جميع الوجه ثلاث مرات	سنة
غسل اليدين مع المرفقين مرة واحدة	ركن
غسل اليدين مع المرفقين ثلاث مرات	سنة
مسح بعض الرأس	سنة
مسح جميع الرأس	سنة
مسح الأذنين ظاهرهما وباطنهما	سنة
تخليل أصابع اليدين والرجلين	سنة

ركن	غسل الرجلين مع الكعبين
سنة	تقديم اليمنى على اليسرى
سنة	الدلك
سنة	إطالة الغرة والتحجيل
سنة	الطهارة ثلاثًا ثلاثًا
سنة	الموالاة
ركن	الترتيب
سنة	الاعتدال بالماء دون سرف أو تقتير
سنة	استقبال القبلة عند الوضوء
سنة	أن لا يتكلم أثناء الوضوء إلا بالدعاء المأثور
سنة	التشهد عند الانتهاء من الوضوء والدعاء

الوضوء والغسل

س/ عرف الوضوء لغةً واصطلاحًا؟

ج: لغة: مأخوذ من الوضاءة، وهى الحسن والبهجة.

اصطلاحًا: هو أفعال مخصوصة مفتتحة بالنية.

س/ ما الدليل على مشروعية الوضوء من القرآن؟

ج: قوله تعالى ﴿يَٰٓأَيُّهَا ٱلَّذِينَ ءَامَنُوٓاْ إِذَا قُمْتُمْ إِلَى ٱلصَّلَوٰةِ فَٱغْسِلُواْ وُجُوهَكُمْ وَأَيْدِيَكُمْ إِلَى ٱلْمَرَافِقِ وَٱمْسَحُواْ بِرُءُوسِكُمْ وَأَرْجُلَكُمْ إِلَى ٱلْكَعْبَيْنِ﴾ [المائدة:6]

س/ ما دليل الوضوء من السُّنة؟

ج: قَالَ رَسُولُ اللهِ ﷺ: «لَا تُقْبَلُ صَلَاةُ أَحَدِكُمْ إِذَا أَحْدَثَ حَتَّى يَتَوَضَّأَ» رواه مسلم.

س/ ما ثواب الوضوء؟

ج: عَنْ أَبِي هُرَيْرَةَ I أَنَّ رَسُولَ اللَّهِ - ﷺ - قَالَ: «إِذَا تَوَضَّأَ الْعَبْدُ الْمُسْلِمُ أَوِ الْمُؤْمِنُ فَغَسَلَ وَجْهَهُ خَرَجَ مِنْ وَجْهِهِ كُلُّ خَطِيئَةٍ نَظَرَ إِلَيْهَا بِعَيْنَيْهِ مَعَ الْمَاءِ أَوْ مَعَ آخِرِ قَطْرِ الْمَاءِ، فَإِذَا غَسَلَ يَدَيْهِ خَرَجَ مِنْ يَدَيْهِ كُلُّ خَطِيئَةٍ بَطَشَتْهَا يَدَاهُ مَعَ الْمَاءِ أَوْ مَعَ آخِرِ قَطْرِ الْمَاءِ، فَإِذَا غَسَلَ رِجْلَيْهِ خَرَجَتْ كُلُّ خَطِيئَةٍ مَشَتْهَا رِجْلَاهُ مَعَ الْمَاءِ أَوْ مَعَ آخِرِ قَطْرِ الْمَاءِ حَتَّى يَخْرُجَ نَقِيًّا مِنَ الذُّنُوبِ». رَوَاهُ مُسْلِمٌ ﷺ قال «تَبْلُغُ الْحِلْيَةُ مِنَ الْمُؤْمِنِ حَيْثُ يَبْلُغُ الْوُضُوءُ». رَوَاهُ مُسْلِمٌ.

عن عمرو بن عنبسة ☚ قَالَ: فقلتُ: يَا نَبيَّ الله ، فالوضوءُ حدثني عَنْهُ ؟

فَقَالَ: « مَا مِنْكُمْ رَجُلٌ يُقَرِّبُ وَضُوءَهُ ، فَيَتَمَضْمَضُ وَيَسْتَنْشِقُ فَيَسْتَنْثِرُ ،

إلاَّ خَرَّتْ خَطَايَا وَجْهِهِ مِنْ أَطْرَافِ لِحْيَتِهِ مَعَ الْمَاءِ ، ثُمَّ يَغْسِلُ يديهِ إلَى

الْمِرفَقَيْن ، إلاَّ خَرَّتْ خَطَايَا يَدَيْهِ مِنْ أَنَامِلِهِ مَعَ الْمَاءِ ، ثُمَّ يَمْسَحُ رَأَسَهُ ،

إلاَّ خَرَّتْ خطايا رأسِهِ من أَطْرَافِ شَعْرِهِ مَعَ الْمَاءِ ، ثُمَّ يغسل قدميه إلَى

الْكَعْبَيْنِ ، إلاَّ خَرَّتْ خَطَايَا رِجلَيْهِ مِنْ أَنَامِلِهِ مَعَ الْمَاءِ»

س/ ما فرائض الوضوء؟

ج: 1- النية عند غسل الوجه. 2- غسل الوجه.

3- غسل اليدين مع المرفقين 4- مسح بعض الرأس.

5- غسل الرجلين مع الكعبين 6- الترتيب.

س/ عرف النية لغةً واصطلاحًا؟

ج: لغة: القصد بالقلب، ولا علاقة للسان به.

اصطلاحًا: هي أن ينوي المتطهر أداء الفرض، أو رفع حكم الحدث، أو

استباحة ما تجب الطهارة له.

س/ ما حكم النية؟

ج: عند الفقهاء: الوجوب (ركن).

وعند الحنفية: الاستحباب(سنة مستحبة).

س/ متى تكون النية؟

الوضوء والغسل

ج: وقت النية عند غسل أول جزء من الوجه، لأنه أول الوضوء.

س/ ما معنى غسل الوجه؟

ج: أى إسالة الماء عليه، لقوله تعالى: ﴿فَٱغْسِلُوا۟ وُجُوهَكُمْ وَأَيْدِيَكُمْ إِلَى ٱلْمَرَافِقِ وَٱمْسَحُوا۟ بِرُءُوسِكُمْ وَأَرْجُلَكُمْ إِلَى ٱلْكَعْبَيْنِ﴾ [المائدة: 6]

س/ ما حد غسل الوجه؟

ج: حد الوجه هو منبت الشعر إلى أسفل الذقن، ومن شحمة الأذن إلى شحمة الأذن، ويجب أن نغسل الوجه كما ورد سابقًا.

س/ كم مرة يغسل الوجه؟

ج: غسل الوجه مرة فرض، وثلاث مرات سنة.

س/ ما يكره بغسل الوجه؟

ج: يكره ضرب الوجه بالماء، أى: وضع الماء بالكفين بعد جمعهما، ثم يدفع الماء إلى وجهه وكأنه يضرب ضربًا.

س/ ما معنى غسل اليدين؟

ج: أى: تنظيف اليدين مع المرفقين بالماء، وتطبيق أحكام الوضوء عليهما، ويفضل الدلك. قال رسول الله صلى الله عليه وسلم «ثُمَّ يَغْسِلُ يَدَيْهِ إِلَى الْمِرْفَقَيْنِ»

س/ ما المرفق؟

ج: هو المفصل الذى يجمع الساعد مع العضد.

س/ كم مرة تغسل اليد؟

ج: تغسل كل يد ثلاثًا، فإن اقتصر على مرة واحدة أجزأه.

س/ ما المقصود بمسح الرأس؟

ج: مسح الرأس أى: مسح شيء من الرأس، أى (إبلاله) بالماء لقوله تعالى: ﴿ وَٱمۡسَحُواْ بِرُءُوسِكُمۡ ﴾

س/ ما حكم مسح جميع الرأس؟

ج: دلت السنة على أن ليس على المرء مسح الرأس كله.

عَنْ عُرْوَةَ بْنِ الْمُغِيرَةِ بْنِ شُعْبَةَ، عَنْ أَبِيهِ، قَالَ: تَخَلَّفَ رَسُولُ اللهِ ﷺ وَتَخَلَّفْتُ مَعَهُ فَلَمَّا قَضَى حَاجَتَهُ قَالَ: «أَمَعَكَ مَاءٌ؟» فَأَتَيْتُهُ بِمِطْهَرَةٍ، «فَغَسَلَ كَفَّيْهِ وَوَجْهَهُ، ثُمَّ ذَهَبَ يَحْسِرُ عَنْ ذِرَاعَيْهِ فَضَاقَ كُمُّ الْجُبَّةِ، فَأَخْرَجَ يَدَهُ مِنْ تَحْتِ الْجُبَّةِ، وَأَلْقَى الْجُبَّةَ عَلَى مَنْكِبَيْهِ، وَغَسَلَ ذِرَاعَيْهِ، وَمَسَحَ بِنَاصِيَتِهِ وَعَلَى الْعِمَامَةِ وَعَلَى خُفَّيْهِ»

س/ ما حكم مسح بعض الرأس؟

ج: إذا مسح الرجل أيَّ قسم من رأسه أجزأه.

س/ كم مرة نمسح الرأس؟

ج: قال الشافعى ∇ مسح الرأس ثلاثًا، وواحدة تجزئه.

س/ ما حكم غسل الرجلين مع الكعبين؟

ج: فرض، لقوله تعالى:﴿ وَٱمۡسَحُواْ بِرُءُوسِكُمۡ وَأَرۡجُلَكُمۡ إِلَى ٱلۡكَعۡبَيۡنِ ﴾

عَنْ عَبْدِ اللَّهِ بْنِ عَمْرٍو I قَالَ: تَخَلَّفَ عَنَّا رَسُولُ اللَّهِ ﷺ فِي سَفْرَةٍ سَافَرْنَاهَا فَأَدْرَكَنَا، وَقَدْ أَرْهَقَتْنَا صَلَاةُ الْعَصْرِ وَنَحْنُ نَتَوَضَّأُ فَجَعَلْنَا نَمْسَحُ عَلَى أَرْجُلِنَا فَنَادَى بِأَعْلَى صَوْتِهِ: « وَيْلٌ لِلْأَعْقَابِ مِنَ النَّارِ ». رَوَاهُ الْبُخَارِيُّ. عَنْ عُمَرَ بْنِ الْخَطَّابِ I: أَنَّ رَجُلًا تَوَضَّأَ فَتَرَكَ مَوْضِعَ ظُفُرٍ عَلَى قَدَمِهِ فَأَبْصَرَهُ النَّبِيُّ ﷺ فَقَالَ: « ارْجِعْ فَأَحْسِنْ وُضُوءَكَ ». فَرَجَعَ ثُمَّ صَلَّى. أَخْرَجَهُ مُسْلِمُ بْنُ الْحَجَّاجِ فِي الصَّحِيحِ.

س / ما المقصود بالكعبين؟

ج: مثنى الكعب، وهو العظم الناتئ من كل جانب عند مفصل الساق مع القدم.

س / ما معنى الترتيب؟

ج: تطهير أو غسل الأعضاء واحدًا بعد الآخر، أى: غسل الوجه أولًا، ثم اليدين، ثم مسح الرأس، ثم غسل الرجلين.

❋ ❋ ❋

سنن الوضوء

س / عرف السُنة لغةً واصطلاحًا؟

ج: لغةً هى السيرة، واصطلاحًا: هى كل ما نقل وثبت عن النبى ﷺ من قول، أو فعل، أو تقرير، من غير لزوم ولا إنكار على من تركها.

السنة فى اصطلاح الفقهاء هى: الصفة الشرعية للفعل المطلوب طلبًا غير جازم بحيث يُثاب المرء على فعله، ولا يعاقب على تركه.

س / ما المقصود بسنن الوضوء؟

ج: هى الأفعال التى قام بها رسول الله ﷺ عندما كان يتوضأ، غير أركان الوضوء سالفة الذكر، فمن عمل بسنن الوضوء أخذ الأجر والثواب، ومن لم يقم بها فوضوءه صحيح، ولكن حُرم الأجرَ والثوابَ، ولا إثم عليه.

س / ما سنن الوضوء؟

ج: 1- التسمية: أن تقول بسم الله الرحمن الرحيم. قال رسول الله ﷺ: «لَا وُضُوءَ لِمَنْ لَمْ يَذْكُرِ اسْمَ اللَّهِ عَلَيْهِ». حسنه الترمذى.

2- غسل الكفين: قبل إدخالهما الإناء، خشية أن يكونوا متسختين أو بهما نجاسة.

3- المضمضة، والاستنشاق، والاستنثار.

س / ما المقصود بالمضمضة؟

ج: هى إدخال الماء فى الفم وتحريكه. عَنْ عَلِيٍّ ☺، قَالَ ﷺ: «تَوَضَّأَ فَمَضْمَضَ ثَلَاثًا، وَاسْتَنْشَقَ ثَلَاثًا مِنْ كَفٍّ وَاحِدَةٍ» قَالَ: «هَكَذَا وُضُوءُ نَبِيِّكُمْ ﷺ» مصنف ابن أبى شيبة.

س / ما المقصود بالاستنشاق؟ والاستنثار؟ وكم مرة يكون؟

الوضوء والغسل

ج: جذب الماء داخل الأنف يسمى استنشاق، وطرحه خارج الأنف يسمى استنثار.

والمقصود بذلك تنظيف الأنف من الأوساخ، 3 مرات، عَنْ أَبِى هُرَيْرَةَ أَنَّ رَسُولَ اللَّهِ - صلى الله عليه وسلم - قَالَ « إِذَا تَوَضَّأَ أَحَدُكُمْ فَلْيَجْعَلْ فِى أَنْفِهِ مَاءً ثُمَّ لَيَنْثُرْ ». رواه أبوداود

4-تخليل الأصابع اليدين والرجلين.

س/ ما معنى التخليل؟

ج: تخليل أصابع اليدين: هو دلك وإدخال أصابع اليدين بعضهما فى بعض لإيصال الماء إليها.

وتخليل أصابع القدمين: هو دلك أصابع القدمين بأصابع اليد ، لإيصال الماء إليها. عَنِ ابْنِ عَبَّاسٍ، أَنَّ رَسُولَ اللَّهِ صلى الله عليه وسلم قَالَ: «إِذَا تَوَضَّأْتَ فَخَلِّلْ بَيْنَ أَصَابِعِ يَدَيْكَ وَرِجْلَيْكَ» رواه الترمذى.

5-التيامُن.

س/ ما المقصود بالتيامن؟

ج: هو تقديم اليمنى على اليسرى فى الغسل، سواء اليدين أو الرجلين، عَنْ عَائِشَةَ، عَنِ النَّبِيِّ صلى الله عليه وسلم: «أَنَّهُ كَانَ يُعْجِبُهُ التَّيَمُّنُ مَا اسْتَطَاعَ، فِى تَرَجُّلِهِ وَوُضُوئِهِ» رواه البخارى.

6-الطهارة ثلاثًا ثلاثًا:

س: ما معنى الطهارة ثلاثًا ثلاثًا؟

ج: أى التثليث، أى غسل العضو ثلاث مرات، ولا يزيد عن ذلك، إذ التثليث هو السنة التى جرى عليها العمل غالبًا، وما ورد مخالفًا لها فهو لبيان الجواز.

فى الحديث: أَنَّ رَجُلاً أَتَى النَّبِيَّ - صلى الله عليه وسلم - فَقَالَ يَا رَسُولَ اللَّهِ كَيْفَ الطُّهُورُ فَدَعَا بِمَاءٍ فِي إِنَاءٍ فَغَسَلَ كَفَّيْهِ ثَلاَثًا ثُمَّ غَسَلَ وَجْهَهُ ثَلاَثًا ثُمَّ غَسَلَ ذِرَاعَيْهِ ثَلاَثًا ثُمَّ مَسَحَ بِرَأْسِهِ فَأَدْخَلَ إِصْبَعَيْهِ السَّبَّاحَتَيْنِ فِي أُذُنَيْهِ وَمَسَحَ بِإِبْهَامَيْهِ عَلَى ظَاهِرِ أُذُنَيْهِ وَبِالسَّبَّاحَتَيْنِ بَاطِنَ أُذُنَيْهِ ثُمَّ غَسَلَ رِجْلَيْهِ ثَلاَثًا ثَلاَثًا ثُمَّ قَالَ « هَكَذَا الْوُضُوءُ فَمَنْ زَادَ عَلَى هَذَا أَوْ نَقَصَ فَقَدْ أَسَاءَ وَظَلَمَ ».أبوداود حسن صحيح

7-تخليل اللحية الكثة:

س/ ما معنى اللحية الكثة؟

ج:لحية كثة ، أى: غزيره الشعر والكثيفة، ويجب غسل ظاهرها فقط، عَنْ أَنَسِ بْنِ مَالِكٍ أَنَّ رَسُولَ اللَّهِ صلى الله عليه وسلم كَانَ إِذَا تَوَضَّأَ أَخَذَ كَفًّا مِنْ مَاءٍ فَأَدْخَلَهُ تَحْتَ حَنَكِهِ فَخَلَّلَ بِهِ لِحْيَتَهُ وَقَالَ « هَكَذَا أَمَرَنِي رَبِّي عَزَّ وَجَلَّ ».صحيح أبو داود.

8-مسح الأذنين ظاهرهما وباطنهما بماء جديد

س/ كيف تمسح الأذنان ظاهرهما وباطنهما؟

ج: كان النبى يمسح فى وضوئه برأسه وأذنيه ظاهرهما وباطنهما ويدخل أصبعيه فى صماخى أذنيه، ويأخذ لصماخيه أيضًا ماء جديدًا. عَنْ ابْنِ عَبَّاسٍ قَالَ: تَوَضَّأَ رَسُولُ اللَّهِ ﷺ فَغَرَفَ غَرْفَةً فَمَضْمَضَ وَاسْتَنْشَقَ ثُمَّ غَرَفَ غَرْفَةً فَغَسَلَ وَجْهَهُ ثُمَّ غَرَفَ غَرْفَةً فَغَسَلَ يَدَهُ الْيُمْنَى ثُمَّ غَرَفَ غَرْفَةً فَغَسَلَ يَدَهُ الْيُسْرَى ثُمَّ مَسَحَ بِرَأْسِهِ وَأُذُنَيْهِ بَاطِنِهِمَا بِالسَّبَّاحَتَيْنِ وَظَاهِرِهِمَا بِإِبْهَامَيْهِ ثُمَّ غَرَفَ غَرْفَةً فَغَسَلَ رِجْلَهُ الْيُمْنَى ثُمَّ غَرَفَ غَرْفَةً فَغَسَلَ رِجْلَهُ الْيُسْرَى» النسائى: صحيح(102)

9- مسح جميع الرأس

س/ ما المقصود بالمسح؟

ج: هو إمرار اليد المبتلة على العضو، أى: الرأس.

س/ ما حد الرأس؟ وأين يكون المسح؟

ج: حد الرأس ما هو خلاف الوجه، فحد الوجه من منبت الشعر إلى أسفل الذقن، ومن شحمة الأذن إلى شحمة الأذن، وكل ما عدا ذلك فهو شعر الرأس، ويفضل مسح مقدمة الرأس.

س/ ما معنى الموالاة لغةً واصطلاحًا؟

ج: لغةً: والى بين الأمرين، أى: تابع بينهما.

واصطلاحًا: هى متابعة أفعال الوضوء، بحيث لا يقع بينهما فاصل زمنى، يعد فاصلًا فى العرف. وبتعبير آخر، أى تتابع غسل الأعضاء بعضها إثر بعض، بحيث لا يجف العضو قبل غسل الآخر.

10- الدعاء بعد الوضوء.

س/ ما الدعاء المسنون بعد الوضوء؟

ج: قوله صلى الله عليه وسلم «مَا مِنْكُمْ مِنْ أَحَدٍ يَتَوَضَّأُ فَيَبْلُغُ الْوُضُوءَ فَيَقُولُ: أَشْهَدُ أَنْ لَا إِلَهَ إِلَّا اللهُ وَحْدَهُ لَا شَرِيكَ لَهُ وَأَنَّ مُحَمَّدًا عَبْدُهُ وَرَسُولُهُ، إِلَّا فُتِحَتْ لَهُ أَبْوَابُ الْجَنَّةِ الثَّمَانِيَةُ يَدْخُلُ مِنْ أَيِّهَا شَاءَ» رواه مسلم.

مكروهات الوضوء

س/ ما معنى المكروه؟

ج: لغةً: ضد المحبوب، يقال: كرّهت إليه الشىء تكريهًا: ضد قولنا: حبّبته إليه. قال تعالى: ﴿وَلَٰكِنَّ اللَّهَ حَبَّبَ إِلَيْكُمُ الْإِيمَٰنَ وَزَيَّنَهُ فِي قُلُوبِكُمْ وَكَرَّهَ إِلَيْكُمُ الْكُفْرَ وَالْفُسُوقَ وَالْعِصْيَانَ﴾ [الحجرات:7]

اصطلاحًا: ما نفر عنه الشرع والطبع، لأن الشرع والطبع لا ينفران إلا عن شدة ومشقة تلحق بالمكلَّف.

س/ ما مكروهات الوضوء؟

ج: 1- الإسراف فى الماء، والتقتير فيه.

س/ ما معنى الإسراف لغةً واصطلاحًا؟

ج: لغةً: مجاوزة القصد، يقال: أسرف فى ماله: عجل من غير قصد، وأصل هذه المادة يدُلُّ على تعدِّى الحد، والإغفال أيضًا للشىء.

اصطلاحًا: الإسراف: هو التجاوز عن الاعتدال المعروف والمألوف.

س/ ما معنى التقتير؟

ج: لغةً: تقليل النفقة وهو بعكس الإسراف وكلاهما مذمومان.

اصطلاحًا: لا يخرج المعنى الاصطلاحى عن المعنى اللغوى. قال تعالى: ﴿وَٱلَّذِينَ إِذَآ أَنفَقُواْ لَمْ يُسْرِفُواْ وَلَمْ يَقْتُرُواْ وَكَانَ بَيْنَ ذَٰلِكَ قَوَامًا﴾ [الفرقان: 67]

والمقصود بعدم التقتير: أى استعمال الماء بشكل معتدل فى الوضوء من غير إسراف ولا تقتير.

2-تقديم اليد اليسرى على اليمنى، وتقديم الرجل اليسرى على اليمنى.

س/ ماذا لو لم يقدم وفعل العكس؟

ج: يحرم الأجر والثواب، ولا عقوبة عليه، وهذا خلاف لما فعله رسول الله صلى الله عليه وسلم.

3- التنشيف بمنديل إلا لعذر كبرد شديد، أو حر يؤذى معه بقاء الماء على العضو.

س/ ما حكم التنشيف شتاءً؟

ج: يستحب التنشيف فى الشتاء حفاظًا على البشرة.

س/ ما حكم التنشيف صيفًا؟

ج: يفضل عدم التنشيف فى الصيف، حتى يمتص الجلد الماء ليرطبه.

4- ضرب الوجه بالماء، لأن ذلك ينافى تكريمه.

س/ما المقصود بضرب الوجه؟ وما حدُّه؟

ج: الوجه: ما كان من منبت الشعر إلى أسفل الذقن طولًا، ومن شحمة الأذن إلى شحمة الأذن عرضًا، أمّا ضرب الوجه فهو إيصال الماء إلى الوجه بشكل خاطئ، وكأنه يصفع وجه بشئ من الأشياء، وهذا التصرف مكروه.

5- الزيادة على ثلاث يقينًا بالغسل أو المسح.

س/ ما حكم من غسل أعضاءه فوق ثلاث؟

ج: من اعتقد أن السنة أكثر من ثلاث أو أقل منها، فقد أساء وظلم، لأنه خالف السُنَّة التى سنَّها النبى ﷺ.

6- الاستعانة بمن يغسل له أعضاء من غير عذر.

س/ ما حكم الاستعانة بالغير للوضوء من غير عذر؟

ج: مكروه، لأن فيه نوعًا من التكبر المنافى للعبودية، إلا للمضطر بسبب مرض، أو علة.

7- المبالغة فى المضمضة أو الاستنشاق للصائم.

س/ ما المقصود بالمبالغة فى المضمضة والاستنشاق للصائم؟

ج: أى: المضمضة والاستنشاق بشكل خاطئ، وهو مكروه. عن لَقِيط بن صَبِرَةَ **I** قَالَ: قُلْتُ: يَا رسول الله ، أَخْبِرْنِى عَنِ الوُضُوءِ ؟ قَالَ: «أَسْبِغِ الوُضُوءَ ، وَخَلِّلْ بَيْنَ الأَصَابِعِ ، وَبَالِغْ فى الاسْتِنْشَاقِ ، إِلاَّ أَنْ تَكُونَ صَائِمًا» رواه أَبُو داود والترمذي، وقال: (حديث حسن صحيح).

❋ ❋ ❋

نواقض الوضوء

س/ ما معنى النقض لغة؟ واصطلاحًا؟

ج: لغةً: نقّض الأمرَ أى أفسده بعد إحكامه.

اصطلاحًا: أى فِعْل عملٍ من مبطلات الوضوء، فلا تصح الصلاة حتى يتوضأ.

س/ ما نواقض الوضوء؟

ج: 1- ما خرج من السبيلين.

س/ ما المقصود بالسبيلين؟

ج: أى ما خرج من القبل أو الدبر من معتاد، كالبول أو الغائط أو الريح (فساء- ضراط) أو المذى أو الودى أو المنى، أو غير معتاد كالدودة والحصاة والدم، قليلًا كان الخارج أو كثيرًا.

2- النوم على غير هيئة المتمكن.

س/ ما النوم؟ وما المقصود بهيئة المتمكن؟

ج: النوم المستغرق الذى لا يبقى معه إدراك مع عدم التمكن.

والتمكن أن يكون جالسًا ومقعدته ملتصقة بالأرض.

3- زوال العقل بسكر أو مرض.

س/ ما المقصود بزوال العقل بسكر أو بمرض؟

ج: أى فقدان الوعى بسبب المرض أو السكر أو الدواء، وزوال العقل لمدة قليلة ينقض الوضوء، ويبطله، ولا تصح الصلاة إلا بوضوء جديد.

4- لمس المرأة الأجنبية من غير حائل.

س/ ما المقصود بالمرأة الأجنبية؟

ج: الأجنبية: هى كل امرأة يمكن الزواج بها وينتقض الوضوء بلمسها، بشرط ألا يكون صغيرًا ولا محرمًا ولا بوجود حائل.

س/ ما معنى الحائل لغةً واصطلاحًا؟

ج: الحائل لغةً: السَّاتر والحاجز، والحاجب: من حال يحول حيلولة بمعنى حجز ومنع الاتِّصال.

اصطلاحًا: وهو الحاجز أو السَّاتر أو العازل الذى يحولُ ويمنعُ الشعور بالملموس.

س/ ما معنى الحائل فى الوضوء؟

الوضوء والغسل

ج: الحائل فى الوضوء: هو كل ما يمنع وصول الماء إلى أعضاء الوضوء، ويسمى بالحاجب.

5-مس العورة (القبل والدبر) ببطن الكف أو الأصابع من غير حائل.

س/ ما معنى اللمس لغةً؟

ج: اللمس لغةً: هو إحدى الحواس الخمس الظاهرة، وهو قوة مُنْبَثَّةٌ فى العَصَبِ تُدْرَكُ بِهَا الحرارة والبرودة ، والرُّطوبة واليبوسة، ونحوُ ذلك، والَّمْس: التَّماس.

س/ ما معنى اللمس اصطلاحًا؟

ج: هو ملاقاة جسمٍ لجسمٍ لطلب معنئً فيه كحرارة أو برودة أو صلابةٍ أو رخاوةٍ أو علم حقيقةٍ، كأن يلمس ليعلم هل هو آدمى أو لا. والمقصود: ملامسة مباشرة باليد على العورة مهما كان السبب أو المدة، ولو لغيره ما لم يكن صغيرًا أو صغيرة، فإنه يوجب الوضوء، لقوله صلى الله عليه وسلم: « أَيُّمَا رَجُلٍ مَسَّ فَرْجَهُ فَلْيَتَوَضَّأْ ، وَأَيُّمَا امْرَأَةٍ مَسَّتْ فَرْجَهَا فَلْتَتَوَضَّأْ ».البيهقى من حديث عمرو بن شعيب (637).

س/ ماذا نقول بعد الانتهاء من الوضوء؟

ج: عن عمر بن الخطاب - I - ، عن النبيّ - صلى الله عليه وسلم - ، قَالَ: « مَا مِنْكُمْ مِنْ أَحَدٍ يَتَوَضَّأُ فَيُبْلِغُ - أَوْ فَيُسْبِغُ - الوُضُوءَ ، ثُمَّ يقول: أشْهَدُ أَنْ لا إله إلاَّ اللهُ وَحْدَهُ لاَ شَرِيكَ لَهُ ، وَأَشْهَدُ أَنَّ مُحَمَّداً عَبْدُهُ وَرَسُولُهُ ؛ إلاَّ فُتِحَتْ لَهُ أَبْوَابُ الجَنَّةِ الثَّمَانِيَةُ يَدْخُلُ مِنْ أَيِّهَا شَاءَ » رواه مسلم. وزاد الترمذي: « اللَّهُمَّ اجْعَلْنِي مِنَ التَّوَّابِينَ ، وَاجْعَلْنِي مِنَ المُتَطَهِّرِينَ ».

س / متى يتوجب علينا الوضوء؟

ج:1- للصلاة: قال صلى الله عليه وسلم: أَبِي هُرَيْرَةَ عَنِ النَّبِيِّ صلى الله عليه وسلم قَالَ: لاَ يَقْبَلُ اللهُ صَلاَةَ أَحَدِكُمْ إِذَا أَحْدَثَ حَتَّى يَتَوَضَّأَ» "أخرجه البخاري في: 90 كتاب الحيل".

2-للطواف حول الكعبة، لأن الطواف كالصلاة تجب له الطهارة، لقوله صلى الله عليه وسلم: «الطَّوَافُ حَوْلَ البَيْتِ مِثْلُ الصَّلاَةِ، إِلَّا أَنَّكُمْ تَتَكَلَّمُونَ فِيهِ، فَمَنْ تَكَلَّمَ فِيهِ فَلَا يَتَكَلَّمَنَّ إِلَّا بِخَيْرٍ» "الترمذى صحيح 96 عَنْ ابْنِ عَبَّاسٍ".

3-لمس المصحف وحمله، قال تعالى:﴿ لَّا يَمَسُّهُ إِلَّا ٱلْمُطَهَّرُونَ ﴾[الواقعة: 79] ولقول النبي صلى الله عليه وسلم: « لا تمس القرآن إلا وأنت طاهر » (الطبراني ، والدارقطني ، والحاكم عن حكيم بن حزام).

س / متى يستحب الوضوء؟

الوضوء والغسل

ج: 1-عند ذكر الله D: كحضور مجلس ذكر، أو مجلس علم، أو مجلس يقرأ فيه القرآن، عَنِ الْمُهَاجِرِ بْنِ قُنْفُذٍ: أَنَّهُ سَلَّمَ عَلَى رَسُولِ اللَّهِ – صلى الله عليه وسلم – وَهُوَ يَتَوَضَّأُ فَلَمْ يَرُدَّ عَلَيْهِ ، فَلَمَّا فَرَغَ مِنْ وُضُوئِهِ قَالَ: « إِنَّهُ لَمْ يَمْنَعْنِي أَنْ أَرُدَّ عَلَيْكَ إِلاَّ أَنِّي كَرِهْتُ أَنْ أَذْكُرَ اللَّهَ إِلاَّ عَلَى طَهَارَةٍ ». أحمد: "19339

2-عند النوم لقوله صلى الله عليه وسلم: حديث الْبَرَاءِ بْنِ عَازِبٍ قَالَ: قَالَ النَّبِيُّ صلى الله عليه وسلم: إِذَا أَتَيْتَ مَضْجَعَكَ، فَتَوَضَّأْ وُضُوءَكَ لِلصَّلاَةِ ثُمَّ اضْطَجِعْ عَلَى شِقِّكَ الأَيْمَنِ ثُمَّ قُلِ: اللَّهُمَّ إِنِّي أَسْلَمْتُ وَجْهِى إِلَيْكَ وَفَوَّضْتُ أَمْرِى إِلَيْكَ وَأَلْجَأْتُ ظَهْرِى إِلَيْكَ رَغْبَةً وَرَهْبَةً إِلَيْكَ لاَ مَلْجَأَ وَلاَ مَنْجَا مِنْكَ إِلاَّ إِلَيْكَ اللَّهُمَّ آمَنْتُ بِكِتَابِكَ الَّذِى أَنْزَلْتَ وَبِنَبِيِّكَ الَّذِى أَرْسَلْتَ فَإِنْ مُتَّ مِنْ لَيْلَتِكَ، فَأَنْتَ عَلَى الْفِطْرَةِ وَاجْعَلْهُنَّ آخِرَ مَا تَتَكَلَّمُ بِهِ قَالَ، فَرَدَدْتُهَا عَلَى النَّبِيِّ صلى الله عليه وسلم ، فَلَمَّا بَلَغْتُ اللَّهُمَّ آمَنْتُ بِكِتَابِكَ الَّذِى أَنْزَلْتَ قُلْتُ: وَرَسُولِكَ قَالَ: لاَ وَنَبِيِّكَ الَّذِى أَرْسَلْتَ» أخرجه البخاري في: 4 كتاب الوضوء: 75 باب فضل من بات على الوضوء.

3-يستحب تجديد الوضوء لكل صلاة: ولو كان متوضئًا.

4-يستحب التسوك لكل صلاة: قال رسول الله صلى الله عليه وسلم « لَوْلاَ أَنْ أَشُقَّ عَلَى أُمَّتِي لَأَمَرْتُهُمْ بِالسِّوَاكِ عِنْدَ كُلِّ وُضُوءٍ» البخارى:1933

❋ ❋ ❋

أحكام الغسل

س/ ما معنى الغُسل؟

ج: **لغةً**: هو سيلان الماء على شيء ما.

واصطلاحًا: جريان الماء على الجسم بنية مخصوصة.

س/ على من يجب الغُسل؟

ج: الغسل مشروع، سواء كان للنظافة أم لرفع الحدث، أو كان شرطًا لعبادة ما.

س/ ما هي فوائد الغُسل؟

ج: 1- **حصول الثواب**: لأن الغسل بالمعنى الشرعي عبادة، قَالَ رسول الله - صلى الله عليه وسلم -: « الطُّهُورُ شَطْرُ الإِيمَانِ » رواه مسلم.

2- **حصول النظافة**: فإذا اغتسل المسلم تنظف جسمه مما أصابه من قذر، أو علق به من وسخ، وفي النظافة وقاية من الجراثيم التي تسبب الأمراض، وتطيب رائحة الجسم، مما يدعو لحصول الألفة والمحبة بين الناس.

فعن عَائِشَةَ ل قَالَتْ: كَانَ النَّاسُ يَنْتَابُونَ يَوْمَ الجُمُعَةِ مِنْ مَنَازِلِهِمْ وَالْعَوَالِي، فَيَأْتُونَ فِي الْغُبَارِ، يُصِيبُهُمُ الْغُبَارُ وَالْعَرَقُ، فَيَخْرُجُ مِنْهُمُ الْعَرَقُ فَأَتَى رَسُولَ الله صلى الله عليه وسلم إِنْسَانٌ مِنْهُمْ وَهُوَ عِنْدِى، فَقَالَ النَّبِيُّ صلى الله عليه وسلم: لَوْ أَنَّكُمْ تَطَهَّرْتُمْ

لِيَوْمِكُمْ هذَا» أخرجه البخاري في: 11 كتاب الجمعة: 15 باب من أين تؤتى الجمعة.

وَعَنْ عَائِشَةَ، أَنَّهَا قَالَتْ: كَانَ النَّاسُ أَهْلَ عَمَلٍ، وَلَمْ يَكُنْ لَهُمْ كُفَأٌ، فَكَانُوا يَكُونُ لَهُمْ تَفَلٌ، فَقِيلَ لَهُمْ: «لَوِ اغْتَسَلْتُمْ يَوْمَ الْجُمُعَةِ»

3-حصول النشاط: فإن الجسم يكتسب بالاغتسال حيوية ونشاطًا، ويذهب عنه الفتور والخمول والكسل.

س/ متى يكون الغُسل؟

ج: الغسل المفروض: هو الذى لا تصح العبادة المفتقرة إلى الطهر إلا بدونه إذا وجدت أسبابه وهى:

1-الجنابة: فى الأصل معناها: البعد، قال تعالى﴿ فَبَصُرَتْ بِهِ عَن جُنُبٍ﴾[القصص: 11]وتطلق الجنابة على خروج المنى، كما تطلق على الجماع.

عَنْ عَائِشَةَ قَالَتْ سُئِلَ رَسُولُ اللَّهِ صلى الله عليه وسلم عَنِ الرَّجُلِ يَجِدُ الْبَلَلَ وَلاَ يَذْكُرُ احْتِلاَمًا قَالَ « يَغْتَسِلُ ».وَعَنِ الرَّجُلِ يَرَى أَنَّهُ قَدِ احْتَلَمَ وَلاَ يَجِدُ الْبَلَلَ قَالَ « لاَ غُسْلَ عَلَيْهِ ».فَقَالَتْ أُمُّ سُلَيْمٍ الْمَرْأَةُ تَرَى ذَلِكَ أَعَلَيْهَا غُسْلٌ قَالَ « نَعَمْ إِنَّمَا النِّسَاءُ شَقَائِقُ الرِّجَالِ ».(أبو داود صحيح: 236)

2-الحيض:

س/عرف الحيض لغةً واصطلاحًا؟

ج: لغةً: هو السيلان.

واصطلاحًا: دم جبلة تقتضيه الطباع السليمة، يخرج من أقصى رحم المرأة بعد بلوغها على سبيل الصحة في أوقات معلومة. قال تعالى: ﴿وَيَسْـَٔلُونَكَ عَنِ ٱلْمَحِيضِ قُلْ هُوَ أَذًى فَٱعْتَزِلُوا۟ ٱلنِّسَآءَ فِي ٱلْمَحِيضِ وَلَا تَقْرَبُوهُنَّ حَتَّىٰ يَطْهُرْنَ فَإِذَا تَطَهَّرْنَ فَأْتُوهُنَّ مِنْ حَيْثُ أَمَرَكُمُ ٱللَّهُ إِنَّ ٱللَّهَ يُحِبُّ ٱلتَّوَّٰبِينَ وَيُحِبُّ ٱلْمُتَطَهِّرِينَ﴾ [البقرة:222]

-وقوله صلى الله عليه وسلم: « فَإِذَا أَقْبَلَتِ الْحَيْضَةُ فَاتْرُكِي الصَّلَاةَ فَإِذَا ذَهَبَ قَدْرُهَا فَاغْسِلِي الدَّمَ عَنْكِ وَصَلِّي ».أبو داود 283 صحيح.

3-الولادة:

س/ عرف الولادة لغةً واصطلاحًا؟

ج: لغةً: هي وضع الحمل، وقد لا يعقب خروج الولد دم، فحكمها حكم الجنابة، وإذا أعقب الولد دم سمى نفاسًا.

والنفاس لغةً: الولادة.

واصطلاحًا: الدم الخارج عقب الولادة، ومدته أقلها لحظة، وقد يمتد أيامًا، وغالبًا أربعون يومًا وأكثره ستون.

4-الموت:

الوضوء والغسل

إذا مات المسلم وجب على المسلمين تغسيله، وهو فرض كفاية، وتجب نية الغُسل على الغاسل، قال رسول الله ﷺ فى المحرم الذى وقصته ناقته: «كَفِّنُوهُ فِي ثَوْبَيْهِ وَاغْسِلُوهُ بِمَاءٍ وَسِدْرٍ وَلاَ تُخَمِّرُوا رَأْسَهُ فَإِنَّ اللَّهَ يَبْعَثُهُ يَوْمَ الْقِيَامَةِ يُلَبِّى» أبوداود: صحيح: 3240

س / ما الدليل على الغسل؟

ج: من القرآن الكريم قوله تعالى:﴿ وَإِن كُنتُمْ جُنُبًا فَٱطَّهَّرُواْ﴾ المائدة: 6 وقوله تعالى:﴿ إِنَّ ٱللَّهَ يُحِبُّ ٱلتَّوَّٰبِينَ وَيُحِبُّ ٱلْمُتَطَهِّرِينَ﴾ [البقرة:222]

-والدليل من السُّنَّة: قَالَ رَسُولُ اللهِ ﷺ: «حَقٌّ عَلَى كُلِّ مُسْلِمٍ أَنْ يَغْتَسِلَ فِي كُلِّ سَبْعَةِ أَيَّامٍ يَوْمًا يَغْسِلُ فِيهِ رَأْسَهُ وَجَسَدَهُ» أخرجه البخاري في: 11 كتاب الجمعة.

-والإجماع: فقد أجمع الأئمة المجتهدون على أن الغسل للنظافة مستحب، والغسل لصحة العبادة واجب.

س/ماذا يحرم على من وجب عليه الغسل؟

ج: ما يحرم بالجنابة:

1-الصلاة فرضًا أو نفلًا: لقوله تعالى: ﴿يَٰٓأَيُّهَا ٱلَّذِينَ ءَامَنُواْ لَا تَقْرَبُواْ ٱلصَّلَوٰةَ وَأَنتُمْ سُكَٰرَىٰ حَتَّىٰ تَعْلَمُواْ مَا تَقُولُونَ وَلَا جُنُبًا إِلَّا عَابِرِى سَبِيلٍ حَتَّىٰ تَغْتَسِلُواْ﴾ [النساء: 43].قال رسول الله ﷺ «إِنَّ اللهَ لَا يَقْبَلُ صَلَاةً بِغَيْرِ طَهُورٍ , وَلَا صَدَقَةً مِنْ غُلُولٍ» أحمد: 5123

2-المكث والجلوس فى المسجد: قال تعالى: ﴿وَلَا جُنُبًا إِلَّا عَابِرِى سَبِيلٍ﴾ [النساء: 43]

3-الطواف حول الكعبة فرضًا أو نفلًا: قَالَ رَسُولُ اللَّهِ ﷺ: «الطَّوَافُ بِالْبَيْتِ صَلَاةٌ، إِلَّا أَنَّ اللَّهَ أَحَلَّ فِيهِ الْمَنْطِقَ، فَمَنْ نَطَقَ، فَلَا يَنْطِقُ إِلَّا بِخَيْرٍ» صحيح - «المشكاة» (2576)، «الإرواء» (121).

4-قراءة القرآن.

5-مس المصحف وحمله، أو مس ورقه: قال تعالى: ﴿لَّا يَمَسُّهُ إِلَّا ٱلْمُطَهَّرُونَ﴾ [الواقعة: 79]

س/ ما يحرم بالحيض والنفاس؟

ج:1-الصلاة: عَنْ فَاطِمَةَ بِنْتِ أَبِي حُبَيْشٍ أَنَّهَا كَانَتْ تُسْتَحَاضُ فَقَالَ لَهَا النَّبِيُّ ﷺ «إِذَا كَانَ دَمُ الْحَيْضَةِ فَإِنَّهُ دَمٌ أَسْوَدُ يُعْرَفُ فَإِذَا كَانَ ذَلِكَ فَأَمْسِكِي عَنِ الصَّلَاةِ فَإِذَا كَانَ الْآخَرُ فَتَوَضَّئِى وَصَلِّى فَإِنَّمَا هُوَ عِرْقٌ» (أبوداود: حسن286):

2-قراءة القرآن ، ومس المصحف وحمله.

3-المكث فى المسجد لا العبور فيه إلا أن خاف تلويثه: عَنْ عَائِشَةَ قَالَتْ: قَالَ لِي رَسُولُ اللهِ ﷺ: «نَاوِلِينِي الْخُمْرَةَ مِنَ الْمَسْجِدِ»، قَالَتْ فَقُلْتُ: إِنِّى حَائِضٌ، فَقَالَ: «إِنَّ حَيْضَتَكِ لَيْسَتْ فِي يَدِكِ» مسلم (298).

الوضوء والغسل

4-الطواف: عَنْ عَائِشَةَ قَالَتْ خَرَجْنَا مَعَ النَّبِيِّ ﷺ لَا نَذْكُرُ إِلَّا الْحَجَّ فَلَمَّا جِئْنَا سَرِفَ طَمِثْتُ فَدَخَلَ عَلَيَّ النَّبِيُّ ﷺ وَأَنَا أَبْكِى فَقَالَ: مَا يُبْكِيكِ قُلْتُ لَوَدِدْتُ وَاللهِ أَنِّى لَمْ أَحُجَّ الْعَامَ قَالَ لَعَلَّكِ نُفِسْتِ قُلْتُ نَعَمْ قَالَ فَإِنَّ ذَلِكِ شَىْءٌ كَتَبَهُ اللهُ عَلَى بَنَاتِ آدَمَ فَافْعَلِى مَا يَفْعَلُ الْحَاجُّ غَيْرَ أَنْ لَا تَطُوفِى بِالْبَيْتِ حَتَّى تَطْهُرِى» البخارى: 305

5-الصوم: عَنْ أَبِى سَعِيدٍ I، قَالَ: قَالَ النَّبِيُّ ﷺ: «أَلَيْسَ إِذَا حَاضَتْ لَمْ تُصَلِّ وَلَمْ تَصُمْ، فَذَلِكَ نُقْصَانُ دِينِهَا» (البخارى: 1951)

6-الوطء: عَنْ حَرَامِ بْنِ حَكِيمٍ عَنْ عَمِّهِ أَنَّهُ سَأَلَ رَسُولَ اللَّهِ ﷺ مَا يَحِلُّ لِي مِنَ امْرَأَتِى وَهِىَ حَائِضٌ قَالَ «لَكَ مَا فَوْقَ الْإِزَارِ».أبوداود: صحيح(212).

س/ ما أركان الغُسل وكيفيتها؟

ج: الأول: النية عند البدء بغسل الجسم لـ حديث عُمَرَ بْنِ الْخَطَّابِ I، قَالَ: سَمِعْتُ رَسُولَ اللهِ ﷺ يَقُولُ: إِنَّمَا الأَعْمَالُ بِالنِّيَّةِ، وَإِنَّمَا لِامْرِىءٍ مَا نَوَى، فَمَنْ كَانَتْ هِجْرَتُهُ إِلَى اللهِ وَرَسُولِهِ، فَهِجْرَتُهُ إِلَى اللهِ وَرَسُولِهِ؛ وَمَنْ كَانَتْ هِجْرَتُهُ إِلَى دُنْيَا يُصِيبُهَا، أَوِ امْرَأَةٍ يَتَزَوَّجُهَا، فَهِجْرَتُهُ إِلَى مَا هَاجَرَ إِلَيْهِ» أخرجه البخارى فى: 83 كتاب الأيمان والنذور.

-كيفيتها: أن يقول بقلبه نويت فرض الغُسل، أو نويت رفع الجنابة، أو رفع الحدث الأكبر.

الثاني: غسل جميع ظاهر الجسم بالماء بشرة وشعرًا، مع إيصال الماء إلى باطن الشعر وأصوله، قَالَ لِي جَابِرُ بْنُ عَبْدِ اللهِ وَأَتَانِي ابْنُ عَمِّكَ يُعَرِّضُ بِالْحَسَنِ بْنِ مُحَمَّدِ بْنِ الْحَنَفِيَّةِ قَالَ كَيْفَ الْغُسْلُ مِنَ الْجَنَابَةِ فَقُلْتُ كَانَ النَّبِيُّ ﷺ يَأْخُذُ ثَلَاثَةَ أَكُفٍّ وَيُفِيضُهَا عَلَى رَأْسِهِ ثُمَّ يُفِيضُ عَلَى سَائِرِ جَسَدِهِ فَقَالَ لِي الْحَسَنُ إِنِّي رَجُلٌ كَثِيرُ الشَّعَرِ فَقُلْتُ كَانَ النَّبِيُّ ﷺ أَكْثَرَ مِنْكَ شَعَرًا» (البخاري: 256).

-إذن فأركان الغسل هي: النية وتعميم الجسم بالماء كاملًا.

س/ ما الأغسال المسنونة؟

ج:غُسل الجمعة، غُسل العيدين، غسل الكسوفين، غسل الاستسقاء، الغسل من غسل الميت، الأغسال المتعلقة بالحج.

س/ما مكروهات الغُسل؟

ج: 1-الإسراف في الماء: عَنْ أَنَسٍ I قَالَ: كَانَ النَّبِيُّ ﷺ يَغْسِلُ، أَوْ كَانَ يَغْتَسِلُ بِالصَّاعِ إِلَى خَمْسَةِ أَمْدَادٍ، وَيَتَوَضَّأُ بِالْمُدِّ» أخرجه البخاري في 4 كتاب الوضوء: 47 باب الوضوء بالمد.

2-الاغتسال في الماء الراكد.

س/ ما هو الماء الراكد؟

ج: الراكد لغة: هو الثابت في مكانه، والغير جارٍ.

الوضوء والغسل

عَنْ أَبِي هُرَيْرَةَ I قَالَ: قَالَ رَسُولُ اللهِ ﷺ: «لَا يَغْتَسِلْ أَحَدُكُمْ فِي الْمَاءِ الدَّائِمِ وَهُوَ جُنُبٌ» فَقَالَ: كَيْفَ يَفْعَلُ يَا أَبَا هُرَيْرَةَ، قَالَ: «يَتَنَاوَلُهُ تَنَاوُلًا» مسلم: (283). أى: يأخذه بيده، أو بإناء صغير. وينوى الاغتراف إن كان الماء قليلًا من الماء من الوعاء قبل أن ينوى رفع الجنابة، ثم ينوى ويغسل به يده، ثم يتناول بها الماء.

-والحكمة من ذلك: أن النَّفْس تقزز من الانتفاع بالماء المغتسل فيه بأى وجه.

التيمم

س/ ما معنى التيمم؟

ج: لغةً: القصد.

اصطلاحًا: إيصال التراب الطهور للوجه واليدين بنيةٍ مخصوصة.

س/ ما الدليل على التيمم؟

ج: من القرآن قوله تعالى: ﴿يَٰٓأَيُّهَا ٱلَّذِينَ ءَامَنُوٓاْ إِذَا قُمۡتُمۡ إِلَى ٱلصَّلَوٰةِ فَٱغۡسِلُواْ وُجُوهَكُمۡ وَأَيۡدِيَكُمۡ إِلَى ٱلۡمَرَافِقِ وَٱمۡسَحُواْ بِرُءُوسِكُمۡ وَأَرۡجُلَكُمۡ إِلَى ٱلۡكَعۡبَيۡنِ وَإِن كُنتُمۡ جُنُبٗا فَٱطَّهَّرُواْ وَإِن كُنتُم مَّرۡضَىٰ أَوۡ عَلَىٰ سَفَرٍ أَوۡ جَآءَ أَحَدٌ مِّنكُم مِّنَ ٱلۡغَآئِطِ أَوۡ لَٰمَسۡتُمُ ٱلنِّسَآءَ فَلَمۡ تَجِدُواْ مَآءٗ فَتَيَمَّمُواْ صَعِيدٗا طَيِّبٗا فَٱمۡسَحُواْ بِوُجُوهِكُمۡ وَأَيۡدِيكُم مِّنۡهُ﴾ [المائدة: 6] وقوله تعالى: ﴿يَٰٓأَيُّهَا ٱلَّذِينَ ءَامَنُواْ لَا تَقۡرَبُواْ ٱلصَّلَوٰةَ وَأَنتُمۡ سُكَٰرَىٰ حَتَّىٰ

تَعْلَمُواْ مَا تَقُولُونَ وَلَا جُنُبًا إِلَّا عَابِرِى سَبِيلٍ حَتَّىٰ تَغْتَسِلُواْ وَإِن كُنتُم مَّرْضَىٰ أَوْ عَلَىٰ سَفَرٍ أَوْ جَآءَ أَحَدٌ مِّنكُم مِّنَ ٱلْغَآئِطِ أَوْ لَٰمَسْتُمُ ٱلنِّسَآءَ فَلَمْ تَجِدُواْ مَآءً فَتَيَمَّمُواْ صَعِيدًا طَيِّبًا فَٱمْسَحُواْ بِوُجُوهِكُمْ وَأَيْدِيكُمْ إِنَّ ٱللَّهَ كَانَ عَفُوًّا غَفُورًا﴾ [النساء: 43]

ومن السُّنَّة: عَنْ حُذَيْفَةَ، قَالَ: قَالَ رَسُولُ اللهِ صلى الله عليه وسلم: « فُضِّلْنَا عَلَى النَّاسِ بِثَلَاثٍ: جُعِلَتْ صُفُوفُنَا كَصُفُوفِ الْمَلَائِكَةِ، وَجُعِلَتْ لَنَا الْأَرْضُ كُلُّهَا مَسْجِدًا، وَجُعِلَتْ تُرْبَتُهَا لَنَا طَهُورًا، إِذَا لَمْ نَجِدِ الْمَاءَ » وَذَكَرَ خَصْلَةً أُخْرَى (مسلم: 522).

س/ متى يكون التيمم؟

ج: إذا دخل وقت الصلاة فله أن يتيمم، ولا ينتظر آخر الوقت، ويستحب أن يتفقد الماء قبل خروج الوقت وليس له أن يتيمم لصلاة الفريضة إلا بعد دخول وقتها، لقوله صلى الله عليه وسلم: « أَيْنَمَا أَدْرَكَتْكَ الصَّلَاةُ فَصَلِّ فَهُوَ مَسْجِدٌ ». (مصنف ابن أبي شيبة: 7835).

س/ ما هى أسباب التيمم؟

ج: 1- فقد الماء حِسًّا: كأن كان فى سفر ولم يجد ماءً، أو فقده شرعًا: وذلك كأن كان معه ماءً ، ولكنه احتاج إليه لشربه، قال تعالى: ﴿فَلَمْ تَجِدُواْ مَآءً فَتَيَمَّمُواْ﴾ [المائدة: 6]

2- بُعد الماء عنه: فإذا كان بمكان لا ماء فيه، وبينه وبين الماء مسافة فوق نصف فرسخ (مقياس للطول يقدر بثلاثة أميال (4827 مترًا) أو

الوضوء والغسل

ثمانية عشر ألف قدم، أو أربعة كيلو مترات)، فإنه يتمم ولا يجب عليه أن يسعى إلى الماء للمشقة.

3- تعذر استعمال الماء إمَّا حِسًّا: وذلك كأن يكون الماء قريبًا منه، لكنه كان بقربه عدو يخاف منه.

وإمَّا شرعًا: وذلك كأن يخاف من استعمال الماء حدوث مرض، أو زيادته، أو تأخر الشفاء، عَنْ جَابِرٍ قَالَ: خَرَجْنَا فِي سَفَرٍ فَأَصَابَ رَجُلاً مِنَّا حَجَرٌ فَشَجَّهُ فِي رَأْسِهِ، ثُمَّ احْتَلَمَ فَسَأَلَ أَصْحَابَهُ: هَلْ تَجِدُونَ لِي رُخْصَةً فِي التَّيَمُّمِ؟ فَقَالُوا: مَا نَجِدُ لَكَ رُخْصَةً وَأَنْتَ تَقْدِرُ عَلَى الْمَاءِ. فَاغْتَسَلَ فَمَاتَ، فَلَمَّا قَدِمْنَا عَلَى رَسُولِ اللَّهِ - صلى الله عليه وسلم - أُخْبِرَ بِذَلِكَ فَقَالَ: « قَتَلُوهُ قَتَلَهُمُ اللَّهُ، أَلاَ سَأَلُوا إِذْ لَمْ يَعْلَمُوا، إِنَّمَا شِفَاءُ الْعِيِّ السُّؤَالُ، إِنَّمَا كَانَ يَكْفِيهِ أَنْ يَتَيَمَّمَ وَيَعْصِبَ عَلَى جُرْحِهِ خِرْقَةً، ثُمَّ يَمْسَحَ عَلَيْهَا وَيَغْسِلَ سَائِرَ جَسَدِهِ ».السنن الكبرى للبيهقى: 1117).

4- البرد الشديد: الذي يخاف معه استعمال الماء، ولم يقدر على تسخينه، لأن عمرو بن العاص تيمم عن جنابة لخوف الهلاك من البرد، وأقره النبى صلى الله عليه وسلم، لكنه يقضى الصلاة فى هذه الحالة عند وجود الماء.

س/ كيف يكون التيمم؟

ج: يضرب بيديه معًا لوجهه، ثم يمررهما معًا عليه، ويضرب بيديه معًا لذراعيه، ثم يضع ذراعه اليمنى فى بطن كفه اليسرى، ثم يمر بطن راحته على ظهر ذراعه، ويمر أصابعه على حرف ذراعه وأصبعه الإبهام على بطن ذراعه ليعلم أنه قد استوظف، فإذا فرغ من يمنى يديه يمم يسرى ذراعه بكفه اليمنى.

س/ ما شروط التيمم؟

ج: 1-العلم بدخول الوقت.2-طلب الماء بعد دخول الوقت.

3-التراب الطهور الذى لا غبار ولا دقيق ولاخص فيه.

4-أن يزيل النجاسة أولًا.5-أن يجتهد فى القبلة فيه.

س/ ما أركان التيمم؟

ج: 1-النية: ومحلها القلب، ويسن أن يتلفظ بلسانه فيقول: نويت استباحة الوضوء، أو فرض الصلاة ، أو نفلها.

2-مسح وجهه ويديه إلى المرفقين بضربتين: وذلك بأن يضرب بكفيه على التراب الطاهر، الذى له غبار، ويمسح بهما جميع وجهه.

ويضرب بيده الثانية على التراب، ويمسح بهما يديه إلى المرفقين، ويمسح بيده اليمنى يده اليسرى، وبيده اليمنى يده اليسرى، عَنْ عَبْدِ اللَّهِ بْنِ عُمَرَ « التَّيَمُّمَ ضَرْبَتَانِ: ضَرْبَةٌ لِلْوَجْهِ، وَضَرْبَةٌ لِلْيَدَيْنِ إِلَى الْمِرْفَقَيْنِ»، وَهُوَ قَوْلُ عَبْدِ اللَّهِ بْنِ عُمَرَ، وَجَابِرٍ، وَمِنَ التَّابِعِينَ قَوْلُ سَالِمِ بْنِ عَبْدِ اللَّهِ بْنِ

الوضوء والغسل

عُمَرَ، وَالْحَسَنِ، وَإِبْرَاهِيمَ النَّخَعِيِّ، وَبِهِ قَالَ مَالِكٌ، وَسُفْيَانُ الثَّوْرِيُّ، وَابْنُ الْمُبَارَكِ، وَالشَّافِعِيُّ، وَأَصْحَابُ الرَّأْيِ).

ويستوعب العضو بالمسح، فإذا كان فى يده خاتم وجب نزعه فى الضربة الثانية، حتى يصل التراب إلى موضعه.

3-الترتيب على الشكل الذى ذُكِرَ: لأن التيمم بدل عن الوضوء، والترتيب ركن فى بدله أولى.

س/ ما سنن الوضوء؟

ج: 1-يُسن فيه ما يسن فى الوضوء، من تسمية أوله، وأن يبدأ بأعلى الوجه، ويقدم اليد اليمنى بالمسح على اليسرى، كما علمت، وأن يمسح جزءاً من الرأس وجزءاً من العضد، وأن يوالى بين مسح الوجه واليدين، وأن يتشهد بعده، ويدعو بالدعاء المأثور بعد الوضوء.

عَنْ عَمَّارِ بْنِ يَاسِرٍ أَنَّهُ كَانَ يُحَدِّثُ أَنَّهُمْ تَمَسَّحُوا وَهُمْ مَعَ رَسُولِ اللَّهِ - صلى الله عليه وسلم - بِالصَّعِيدِ لِصَلَاةِ الْفَجْرِ فَضَرَبُوا بِأَكُفِّهِمِ الصَّعِيدَ ثُمَّ مَسَحُوا وُجُوهَهُمْ مَسْحَةً وَاحِدَةً ثُمَّ عَادُوا فَضَرَبُوا بِأَكُفِّهِمُ الصَّعِيدَ مَرَّةً أُخْرَى فَمَسَحُوا بِأَيْدِيهِمْ كُلِّهَا إِلَى الْمَنَاكِبِ وَالْآبَاطِ مِنْ بُطُونِ أَيْدِيهِمْ». أبوداود: صحيح(318).

2-تفريق الأصابع عند الضرب بالتراب، إثارة للغبار، واستيعاب الوجه بضربة واحدة، وكذلك اليدين.

3- تخفيف التراب، بنفض الكفين، أو النفخ فيهما.

عَنْ عَمَّارٍ **I** قَالَ: بَعَثَنِي رَسُولُ اللهِ ﷺ فِي حَاجَةٍ فَأَجْنَبْتُ فَلَمْ أَجِدِ الْمَاءَ، فَتَمَرَّغْتُ فِي الصَّعِيدِ كَمَا تَمَرَّغُ الدَّابَّةُ، فَذَكَرْتُ ذَلِكَ لِلنَّبِيِّ ﷺ، فَقَالَ: « إِنَّمَا كَانَ يَكْفِيكَ أَنْ تَصْنَعَ هَكَذَا! فَضَرَبَ بِكَفِّهِ ضَرْبَةً عَلَى الْأَرْضِ، ثُمَّ نَفَضَهَا، ثُمَّ مَسَحَ بِهَا ظَهْرَ كَفِّهِ بِشِمَالِهِ، أَوْ ظَهْرَ شَمَالِهِ بِكَفِّهِ، ثُمَّ مَسَحَ بِهَا وَجْهَهُ » أخرجه البخاري في: 7 كتاب التيمم: 8 باب التيمم ضربة.

س/هل التيمم فريضة؟

ج: لا يصلى بالتيمم إلا فرضًا واحدًا، ويصلى ما شاء من السنن، وكذلك صلاة الجنازة، فإذا أراد أن يصلي فرضًا آخر تيمم، وإن لم يحدث بعد تيممه الأول، سواء كانت الصلاة أداءً أم قضاءً. عَنِ ابْنِ عُمَرَ **L** قَالَ: « يَتَيَمَّمُ لِكُلِّ صَلَاةٍ وَإِنْ لَمْ يُحْدِثْ». إِسْنَادُهُ صَحِيحٌ. السنن الكبرى للبيهقى: 1093

س/هل التيمم بدل الغسل فريضة؟

ج: يكون التيمم بدل الغسل لمن كان في حاجة إليه، كما يكون بدل الوضوء. قال الله تعالى: ﴿وَإِن كُنتُمْ جُنُبًا فَٱطَّهَّرُواْ وَإِن كُنتُم مَّرْضَىٰ أَوْ عَلَىٰ سَفَرٍ أَوْ جَآءَ أَحَدٌ مِّنكُم مِّنَ ٱلْغَآئِطِ أَوْ لَٰمَسْتُمُ ٱلنِّسَآءَ فَلَمْ تَجِدُواْ مَآءً فَتَيَمَّمُواْ﴾ [المائدة: 6] وعن عِمْرَانُ بْنُ حُصَيْنٍ الْخُزَاعِيُّ أَنَّ رَسُولَ اللهِ ﷺ رَأَى رَجُلًا مُعْتَزِلًا لَمْ يُصَلِّ فِي الْقَوْمِ فَقَالَ يَا فُلَانُ مَا مَنَعَكَ أَنْ

تُصَلِّ فِي الْقَوْمِ فَقَالَ يَا رَسُولَ اللهِ أَصَابَتْنِي جَنَابَةٌ وَلَا مَاءَ قَالَ: «عَلَيْكَ بِالصَّعِيدِ فَإِنَّهُ يَكْفِيكَ» البخاري: 348

س/ ما مبطلات التيمم؟

ج: 1-كل ما يبطل الوضوء من النواقض.

2-وجود الماء بعد فقده: فإذا وُجد الماء بطل التيمم.

عَنْ أَبِي ذَرٍّ، أَنَّ رَسُولَ اللهِ ﷺ قَالَ: «إنَّ الصَّعِيدَ الطَّيِّبَ طَهُورُ الْمُسْلِمِ، وَإِنْ لَمْ يَجِدِ الْمَاءَ عَشْرَ سِنِينَ، فَإِذَا وَجَدَ الْمَاءَ فَلْيُمِسَّهُ بَشَرَتَهُ، فَإِنَّ ذَلِكَ خَيْرٌ». الترمذي: 124

3-القدرة على استعمال الماء: كمن كان مريضًا فبرئ.

4-الردة عن الإسلام: لأن التيمم للاستباحة، وهي منتفية مع الردة، بخلاف الوضوء والغُسل، فإنهما رفع للحدث.

❋ ❋ ❋

تلخيص كتاب الطهارة

أقسام المياه(4)

ماء طاهر مطهر غير مكروه(7): ماء السماء - ماء البئر - ماء البحر - ماء العين - ماء النهر - ماء الثلج - ماء البرد.

ماء طاهر مطهر مكروه: الماء المُشمس.

ماء طاهر غير مطهر: الماء المستعمل(2): 1- برفع حدث أو إزالة نجس إذا لم يتغير. 2- بمخالطة شيء من الطاهرات.

ماء نجس(2): 1- قليل (دون القلتين) يتنجس بمجرد ملاقاة النجاسة. 2- كثير (قلتين أو أكثر) لا يتنجس إلا أن يتغير طعمه أو ريحه أو لونه. (وكل شئ مانع مع كثرته فى التنجيس كالماء حال قلته).

استعمال السواك

1- مستحب فى كل وقت.2- يكره تنزيهًا للصائم بعد الزوال.

أشد استحبابًا عند: - تغير الفم - القيام من النوم - عند الصلاة ومع الوضوء. فرائض الوضوء (6)

النية عند غسل الوجه - غسل الوجه - غسل اليدين إلى المرفقين - مسح بعض الرأس - غسل الرجلين إلى الكعبين - الترتيب.

نواقض الوضوء (5)

الخارج من السبيلين - لمس المرأة إلا المحارم من غير حائل - إزالة العقل (كالجنون) - مس فرج الآدمى ببطن الكف - مس حلقة الدبر.

سنن الوضوء (11)

البسملة - غسل الكفين خارج الوعاء - المضمضة - الاستنشاق - مسح جميع الرأس - مسح الأذنين - تخليل اللحية الكثيفة - تخليل أصابع اليدين والرجلين - تقديم اليمنى على اليسرى - الطهارة ثلاثًا - الموالاة.

موجبات الغسل (6)

المشتركة بين النساء والرجال: الموت - الجماع - الإنزال.

المختصة بالنساء: الحيض - النفاس - الولادة.

فرائض الغسل (3)

النية - إزالة النجاسة - استيعاب جميع البدن بالغسل شعرًا وقشرًا.

سنن الغسل (5)

البسملة - الموالاة - الدلك - تقديم اليمنى على اليسرى - الوضوء.

الأغسال المسنونة (17)

الجمعة - العيدان - الكسوف - الخسوف - غسل الاستسقاء - مغسل الميت - من دخل الإسلام - من أفاق في الإغماء أو الجنون - للوقوف في عرفة - دخول البلد الحرام - قاصد الدخول في الإحرام - رمى الجمرات الثلاث - للطواف سائر الأيام - للمبيت في المزدلفة.

شروط المسح على الخفين (4)

أن يلبسا بعد كمال الطهارة - كونهما ساترتين لمحل الفرض - يصلحان للمشى متابعًا - أن يكونا طاهرين.

مدة المسح (2)

للمقيم: يوم وليلة - للمسافر ثلاثة أيام بلياليهن.

مبطلات المسح على الخفين (3)

خلع أحدهما أو كليهما - انقضاء المدة - موجبات الغسل.

شروط التيمم(5)

وجود عذر كسفر أو مرض - دخول الوقت- السعى فى طلب الماء - الفقد بعد السعى - أخذ الترب الطاهر.

فرائض التيمم (4)

النية – مسح الوجه - مسح اليدين إلى المرفقين - الترتيب.

سنن التيمم (3)

البسملة – تقديم اليمنى على الشمال - الموالاة.

مبطلات التيمم(3)

مبطلات الوضوء - رؤية الماء فى غير الصلاة - الردة.

ما يحرم على الحائض (8)

مس المصحف - الصلاة - قراءة القرآن - الصوم - الطواف - اللبث فى المسجد - الوطء - الاستمتاع ما بين السرة والركبة.

ما يحرم على الجنب (5)

الصلاة - الطواف - اللبث فى المسجد - قراءة القرآن - مس المصحف.

ما يحرم على المحدث (3)

الصلاة - مس المصحف - الطواف.

ومـبطلات المسـح بعـد صحته   ثلاثـــة وهى انقضـــاء مدتــه

كـذاك خلـع خفـه مـن رجلـه   وكل شىء موجـب لغسلـه

❋ ❋ ❋

وتحرم الصلاة كالتطوف ... من حائض ومسها للمصحف
والنطق بالقرآن إن لم تقصد ... أذكاره ولبثها في المسجد
كذا الدخول حيث تنضح الدما ... والصوم واستمتاع زوجها بما
يكون بين سرة وركبة ... بوطئها ولمسها لا الرؤية
وصومها من قبل الاغتسال ... يحل دون سائر الخصال
وما عدا الثلاثة المؤخره ... حرمه بالجنابة المؤثره
وكل ما حرمته بالحيض حل ... لمحدث إلا الثلاثة الأول

❋ ❋ ❋

مسحهما يجوز في الوضوء مع ... أربعة من الشروط تتبع
أن يلبسا من بعد طهر يكمل ... ويسترا محل فرض يغسل
ويصلحا لمشيه متابعا ... وطهر كل زيد شرطا رابعا
ويمسح المقيم في إقامته ... مقدار يوم كامل بليلته
ويمسح المسافر الموالي ... ثلاثة تعد بالليالي
ثم ابتداء المدتين بالحدث ... وهو الذي من بعد لبس قد حدث
ومن يسافر بعد مسح في الحضر ... والعكس لم يستوف مدة السفر
ومبطلات المسح بعد صحته ... ثلاثة وهي انقضاء مدته
كذاك خلع خفه من رجله ... وكل شيء موجب لغسله

❋ ❋ ❋

الخاتمة

تم بحمد الله تعالى الجزء الأول من كتاب (فيض العلي فى الفقه الشافعى) سؤال وجواب ،يليه الجزء الثانى - بمشيئة الله- يسر الله إخراجه.

أَمُـوتُ وَيَـبْقَىٰ كِلِمَـا قَـدْ كَتَبْتُـهُ فَيَا لَيْتَ مَنْ يَقْرَأْ كِتَابِى دَعَا لِيَا

لَعَـلَّ إِلَـهِى أَنْ يَمُـنَّ بِلُطْفِـهِ وَيَرْحَمَ تَقْصِيرِى وَسُـوءَ فِعَالِيَا

***

الفهرس